민준이와 서연이의
금융경시대회

민준이와 서연이의
금융경시대회

권오상 지음

십대를 위한 금융 소설

카시오페아
Cassiopeia

이 책의 내용은 금융감독원의 공식적인 견해와 무관하며,
저자의 개인적인 견해에 불과함을 분명히 밝힙니다.

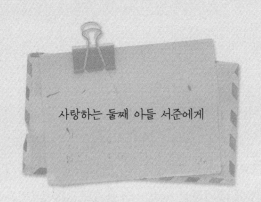

사랑하는 둘째 아들 서준에게

돈은 어쩌면 우리에게 가장 친숙하면서도 동시에 가장 아리송한 존재인 것 같습니다. 돈이 무엇인지 모른다고 얘기하는 사람을 만나 보기란 참으로 어렵습니다. 하지만, 반대로 돈을 어떻게 관리해야 하는지 자신 있게 얘기하는 사람도 드물지요. 나이를 먹는다고 해서 돈에 대해 더 잘 알게 되는 것 같지도 않습니다.

그 이유를 곰곰이 생각해 봤습니다. 한 가지 원인은 우리 사회가 갖고 있는 돈에 대한 이중적인 태도가 아닐까 싶습니다. 많은 경우 돈에 관해 얘기하는 것 자체를 꺼리니까요. 천박한 일이라는 거죠. 청소년에게는 더욱 엄격한 잣대를 들이댑니다. 돈의 세계에 물들지 말고 공부에만 매진할 때라고 합니다. 좋은 대학에 가기만 하면 돈을 포함한 인생의 모든 문제가 저절로 해결되는 양 아이들에게 사이렌의 노랫소리를 들려줍니다.

그런데 한편으로는 돈이 많은 사람을 속으로 부러워합니다. 경우에 따라서는 돈만 많이 벌 수 있다면 불법도 저지를 수 있다고 극단적으로 생각하기도 하지요. 2014년 12월, 흥사단 투명사회운동본부가 시행한 설문조사에 의하면 "10억 원이 생긴다면 1년 정도 감옥에 들어가도 괜찮은가?" 하는 질문에 청소년의 33%가 "그렇다"고 대답했다고 합니다. 암담한 이야기입니다.

세상 모든 일 가운데 저절로 잘되는 일이란 없습니다. 돈도 마찬가지예요. 돈을 잘 벌고, 잘 모으고, 잘 쓰려면 돈에 대해 충분히 잘 알아야 합니다. 그리고 연습해야 합니다. 특히, 습관이 중요해요. 한번 잘못된 습관이 형성되고 나면 고치기 어렵습니다. 그런 점에서 청소년기에 이루어지는 돈에 대한 올바른 교육은 매우 중요합니다.

그런데도 청소년을 위한 돈 관련 교육은 별로 없다고 해도 과언이 아닙니다. 부모는 금융에 대해 아이들에게 직접 가르칠 엄두가 나지 않습니다. 본인들도 자신이 없으니까요. 그렇다고 학교가 그 역할을 맡느냐 하면 그렇지도 않습니다. 정규 과목도 아닌 금융을 가르칠 교사가 초중고교에 있을 리 만무합니다. 금융마저 사교육으로라도 해결해 보겠다고 대치동 학원가로 달려갈 수는 없는 노릇이고요.

이 책을 쓰게 된 데에는 이 같은 문제의식이 있었습니다. 어렸을 때부터 돈과 금융에 대해 건전한 이해와 올바른 습관을 갖는 것은, 자본주의 사회를 살아가는 청소년에게 영어를 배우는 것 이상으로 중요한 일인지도 모릅니다. 나중에 금융인이 되기를 희망하는 아이들이라면 두말할 나위 없고요.

설혹 우리 아이들이 나중에 금융업에 종사하지 않더라도, 어렸을 때 받은 돈에 대한 교육의 효과가 사라지는 것은 아닙니다. 지식과 정보의 비대칭성으로 인한 불이익을 피함과 동시에 금융에 대해 현명하고 합리적인 결정을 내릴 수 있게 될 테니까요. 그래서 이 책에는 아래로는 초등학교 고학년부터 위로는 고등학생까지를 염두에 두고, 돈과 금융에 대해 꼭 알았으면 하는 내용을 담았습니다.

이 책을 쓰면서 일종의 롤모델로 마음에 둔 나라는 영국입니다. 한때 세계를 주름잡는 초강대국이었던 영국은 이제 많이 쇠락하여 예전의 영화는 과거에 불과하죠. 하지만 아직도 세계를 주름잡는 것이 있으니, 그것은 바로 국제 금융의 중심지로서 런던의 위상입니다.

영국은 금융 분야에서 지도적 위치를 유지하기 위해 관련 내용을 어릴 때부터 의무 교육하는 것으로 유명합니다. 그래서 이 책에 포함시킬 내용을 추릴 때, 중고등학교 필수 과목인 시민권과 수학의 일부로 금융구사능력(Financial Literacy)을 의무 교육하는 영국의 커리큘럼을 많이 참조했습니다.

하지만 그 내용을 단순히 나열하고 설명해서는 아이들의 관심과 흥미를 끌어내는 데 한계가 있으리라 생각했어요. 그래서 중학생들이 주인공으로 등장하는 이야기의 형식을 취했습니다. 소설로서는 부족한 점이 있겠지만, 자기 또래의 이야기를 통해 금융의 여러 모습을 간접 체험할 수 있도록 충실하게 구성했습니다.

사실, 이 책을 쓰게 된 데에는 개인적인 동기도 있습니다. 이 책을 준비한 기간과 제 둘째 아들이 태어난 시기가 겹친 겁니다. 제가 예전에 기계와 미술을 좋아하고 창의력이 풍부한 첫째 아들을 위해 엔지니어 중의 엔지니어, 엘론 머스크에 대한 책을 한 권 쓴 적이 있거든요. 그래서 '새로 태어날 둘째 아들을 위해서 아빠가 선물해 줄 수 있는 게 없을까?' 고민한 끝에 아빠의 마음을 여기에 듬뿍 담았습니다.

갓 태어난 둘째가 이 책을 읽는 건 빨라도 10년 뒤의 일이겠지요. 그래서 한두 해 만에 무용지물이 되지 않을, 세월이 흘러도 퇴색하지 않을 내용으로 꾸몄습니다. 그러나 막상 완성하고 보니 언제나처럼 여러모로 부족한 점이 눈에 띕니다. 너그러운 마음으로 양해해 주시길 부탁드립니다.

2016년 8월
용산 자택 서재에서
권오상

차례

게임을
좋아하는 아이,
학교 대표로
뽑히다

딩동댕동.

민준이는 마음이 급했다. 학교 수업이 끝났으니 빨리 가방을 챙겨서 나가고 싶은 마음뿐이었다. 그때 같은 반 친구인 세혁이와 형규가 다가왔다.

"야, 우리 '영웅의 검' 게임 한번 하고 가야지."

"그래, 마법사 캐릭터로 렙을 올리는 거야."

민준이는 부리나케 교실을 빠져나가며 대답했다.

"지금은 안 돼. 나중에 카톡으로 얘기해."

"저 자식, 왜 저래?"

"몰라. 뭔가 급한 일이 있는 모양인데."

"야, 할 수 없다. 우리끼리 하지 뭐."

"그래."

평소라면 누구보다도 먼저 같이 게임하자고 할 아이가 민준이었다. 하지만 오늘은 아니었다. 아니, 좀 더 정확하게는 오늘부터 당분간은 안 될 일이었다.

민준이는 특별히 눈에 띄는 게 없는 평범한 중학교 2학년생이었다. 성적이 두드러지게 좋았던 적도 없고, 그렇다고 운동이나 다른 특기가 있는 것도 아니었다. 키도 고만고만하고 외모도 꽃미남과는 거리가 있었다. 당연히 또래 여자애들은 민준이에게 거의 관심을 두지 않았다. 민준이 또한 여자애들에게 큰 관심이 없었다.

그런 민준이가 좋아하는 거의 유일한 것은 컴퓨터 게임이었다. 초등학교에 입학하기 전부터 만지작거리고 놀던 아빠의 아이패드가 계기였다. 초등학교에 들어간 이후론 자연스럽게 스마트폰 게임과 PC용 게임도 섭렵했다. 친구들에게 민준이는 각종 게임을 잘하는 아이였다. 그런 쪽으로는 누구도 부인할 수 없는 확고한 명성이 있었다.

사실 게임에 빠져 지내는 아이들은 학교마다 있기 마련이다. 민준이보다 더 어린 나이 때부터 게임을 해 온 친구도 있고, 실력이나 기록상 민준이를 능가하는 친구도 없지 않았다. 하지만 그 친구들 대부분은 너무나 많은 시간을 게임에 들였다. 당연히 공부는 뒷전이었다.

민준이에게 다른 점이 있다면, 게임에 대해 제한 없는 자유를 누리는 건 아니라는 것이었다. 그 점에 관해서 민준이의 아빠 엄마는 어렸을 때부터 꿈쩍도 하지 않았다. 안 되는 건 안 되는 거였다.

게임을 하려면 먼저 그날 해야 하는 일을 모두 마쳐야 했다. 그리고 하루에 게임을 할 수 있는 시간이 제한되어 있었다. 또 아빠 엄마가 보고 있을 때만 게임을 할 수 있었다. 자기 방에서 혼자 하는 건

허락되지 않았다. 대신 엄마 아빠도 TV를 보겠다고 민준이를 방치하
진 않았다.

또 다른 점이 하나 더 있다. 바로 컴퓨터 프로그래밍에 관심을 갖
게 됐다는 점이다. 민준이는 얼마 전부터 게임을 하는 데 그치지 않
고 '스스로 게임을 만들 수는 없을까?' 하는 생각을 하게 됐다. 아빠
책을 보면서 간단한 프로그램을 짜 보기도 했다. 컴퓨터를 내 맘대로
작동시키는 건 꽤 신나는 일이었다. 하지만 혼자서 배우는 게 쉽지
않았다.

급기야 어느 날, 민준이는 엄마에게 얘기를 꺼냈다.

"엄마, 나 프로그래밍 학원 다니면 안 돼?"

엄마는 깜짝 놀랐다.

"프로그래밍 학원? 컴퓨터 말하는 거야?"

"응, 아파트 단지 상가에 있는 거 있잖아."

뭔가를 배워 보겠다고 민준이가 먼저 얘기를 꺼낸 건 이번이 처음
이었다. 그동안에는 다 엄마가 결정해서 이거 해라, 저거 해라 얘기
해 왔다. 지금 다니고 있는 수학 학원, 영어 학원도 엄마의 결정이었
다. 민준이는 마지못해 다니긴 했지만 그렇게 열심은 아니었다. 그러
던 녀석이 제 입으로 다니겠다고 하니 민준이 엄마는 사실 놀라면서
도 속으론 기뻤다.

"시간은 어떻게 되는데?"

"월요일이랑 수요일, 학교 끝나고 1시간."

"그럼 안 돼. 너 영어 학원 가야 하는 시간이잖아."

"엄마······."

민준이는 울상이 됐다.

"안 되는 건 너도 잘 알잖니."

그랬다. 엄마 아빠한테 떼를 쓴다고 될 일이 아니라는 건 민준이도 잘 알았다. 그렇다고 그대로 프로그래밍 학원을 포기할 수는 없었다.

"엄마, 나 그럼 영어 학원을 다른 시간대로 옮겨서 가면 안 돼?"

민준이가 쉽게 포기하지 않고 받아들일 만한 대안을 제시하자 민준이 엄마는 누그러졌다.

"그렇담 좋아. 하지만 너 이것 때문에 다른 학원 숙제 게을리하거나 그러면 그 즉시 끊을 거야. 약속할 수 있겠어?"

"네, 약속할게요."

그렇게 얻어낸 프로그래밍 학원의 첫날이 오늘이었다. 민준이는 학원을 향해 걸음을 재촉했다. 부푼 가슴을 안고.

거의 같은 시각, 학교가 시끌시끌해졌다. 방과후 프로그램으로 남아 있던 학생들 사이에 소문이 돌았다. 수다를 떨던 서연이와 친구들에게도 복도에서 누군가 소리치는 소리가 들려 왔다.

"교내 금융경시대회 결과가 나왔대! 내일 아침에 발표한대!"

서연이 옆에 앉은 채원이가 말했다.

"보나마나 서연이가 1등 했겠지, 뭐."

주변의 다른 친구들도 거들었다.

"그러게 말이야."

"누가 서연이를 이길 수 있겠어."

"1등은 정해진 거고, 누가 2등인지가 궁금한걸?"

서연이는 친구들의 대화가 내심 불편했지만 내색하지 않았다. 그저 약간 어색한 표정을 지을 뿐이었다. 사실, 그동안의 결과를 보면 서연이가 1등을 했으리라고 짐작하는 건 결코 무리가 아니었다.

예성중학교에서 서연이는 스타였다. 성적은 압도적인 전교 1등이고, 미모는 길거리 캐스팅을 당할 정도로 출중했다. 운동이면 운동, 노래면 노래, 춤이면 춤, 뭐 하나 못 하는 게 없고 성격도 좋아 친구들도 많았다. 특히, 서연이는 수학을 잘했다. 거기에는 이유가 있었다. 서연이 아빠는 경영대 교수면서 공학 박사였다. 논리적으로 사고하고 숫자를 다루는 일이라면 누구보다 능한 아빠의 영향을 어려서부터 받았던 터였다.

서연이도 경시대회 결과가 궁금했다. 왜냐하면 이번 교내경시대회의 1등과 2등이 한 팀이 되어 학교 대표로 시 교육청 주최 금융경시대회에 나가야 하기 때문이다. 예성중학교는 학구적이고 차분한 분위기이긴 하지만, 이른바 '명문 학교'라고 불릴 정도는 아니었다. 사교육이 엄청나다는 동네에 가면 서연이도 그렇게 대단한 실력은 아닐 거라는 삐딱한 시선도 그래서였다. 시 대회는 좀 더 큰물에서 서연이가 스스로의 능력을 검증해 볼 좋은 기회였다.

'나가게 된다면 누구랑 같이 나가게 되려나?'

서연이의 궁금한 마음만큼 창밖의 하늘도 파랬다.

다음 날 아침, 소문대로 교내경시대회 결과가 교실 뒤에 붙었다. 결과는 예상외였다. 아니, 서연이는 예상대로 학교 대표로 뽑혔다. 하지만 2등이었다. 1등이라는 글자 옆에는 '송민준'이라는 낯선 이름이 쓰여 있었다. 모두들 웅성거렸다.

"송민준이란 애가 누구야?"

놀라기로는 민준이와 민준이의 친한 친구인 형규, 세혁이도 마찬가지였다.

"야, 너 뭐야?"

"뭐가 잘못된 거 아니야?"

"어어, 어떻게 된 건지 나도 잘 모르겠어."

어리둥절한 민준이 주위로 친구들이 몰려들었다. 어떤 아이들은 부러움과 시기심에 짓궂은 말을 던졌다.

"이러다 둘이 사귀는 거 아니냐?"

"서연이가 눈이 얼마나 높은데 저런 애한테 눈길이나 주겠냐?"

"야, 너 서연이한테 집적대면 가만 안 둬. 걘 내 거야."

왁자지껄한 와중에 민준이에게 교무실로 내려오라는 연락이 왔다. 머뭇거리며 교무실에 들어서자 한 여자애가 눈에 띄었다. 서연이였다. 먼 발치로 본 적은 있지만 이렇게 가까이서 보기는 처음이었다. 서연이는 큰 눈을 동그랗게 뜨고 민준이를 빤히 쳐다봤다. 순간 알 수 없는 후광에 주변이 흐릿해지는 느낌이 들었다.

얼굴이 화끈거리는 민준이에게 선생님이 말을 걸었다.

"그래, 네가 송민준이니?"

"네."

"이번 교내경시대회에서 네가 1등, 한서연이 2등을 해서 원래대로라면 너하고 서연이가 학교 대표로 시 대회에 나가야 해. 하지만 너도 알다시피 서연이는 모르겠지만 네가 학교 대표가 되는 게 맞는지 의문이야. 그동안 네 성적으로 보면 이번에 1등을 한 건 운이 좋아서 그런 것 같기도 하고. 그러니까 1등 상은 네게 주겠지만 학교 대표로는 너 대신 3등을 한 윤시우를 내보내려고 하니 그렇게 알도록 해."

"……"

고개를 푹 숙인 민준이는 차마 입을 열지 못했다. 자신이 1등을 하게 되리라고 한 번도 생각해 본 적이 없었던지라 이 모든 사태가 우선 당황스러웠다. 그래도 상은 주겠지만 학교 대표로는 안 되겠다는 얘기를 들으니 뭔가 서러웠다. 그렇다고 자신이 학교 대표가 되는 게 옳다고 얘기할 용기도 생기지 않았다. 학교에서 그렇게 하겠다는데 무슨 재주로 그걸 뒤집을까? 자기도 모르게 민준이 눈에 찔끔 눈물이 맺혔다.

"선생님, 그건 이상한 것 같아요."

긴 정적을 깬 건 서연이였다. 화들짝 놀란 민준이가 고개를 들어 보니 눈앞의 선생님은 더 놀란 표정으로 눈을 껌뻑거리고 있었다.

"송민준이 1등을 한 건 사실이잖아요. 운인지 아닌지는 아무도 알 수 없는 거고요. 그렇게 정할 거라면 교내경시대회를 할 이유가 없죠."

"서연아, 그게……."

"윤시우가 송민준 대신 학교 대표로 나간다면 저도 나가고 싶지 않아요. 저도 빼 주세요."

　이번엔 선생님이 꿀 먹은 벙어리 신세였다. 한참 후, 선생님은 오늘 얘기는 없었던 거로 하겠다며 나가 보라고 했다.

　교무실을 나서면서 민준이는 머릿속이 복잡했다. 뭐랄까 서연이에게 고맙다는 말이라도 해야 할 것 같았다. 머뭇머뭇하고 있는데 서연이는 쌩하고 지나가 버렸다. 뒤에 남겨진 민준이의 머릿속은 터질 것만 같았다.

민준이와
서연이,
드디어 만나다

서연이의 주장대로 민준이와 서연이가 학교 대표로 결정됐지만, 그것으로 모든 문제가 해결된 건 아니었다. 무엇보다도 담당 선생님은 2주 뒤에 있는 구 예선 준비를 둘이서 알아서 하라고 했다. 둘의 성적이 본인의 책임은 아님을 분명히 하고 싶어 하는 듯했다. 반기를 든 서연이에게 괘씸죄에 대한 책임을 지우겠다는 거였다.

일을 저질러 놓은 서연이도 마음이 편치 않았다. 아무리 서연이가 뛰어나다고 해도 시 경시대회는 팀으로 경쟁하는 대회다. 둘 사이에 의견이 일치하지 않으면 아무것도 할 수 없다. 팀의 파트너인 민준이가 무턱대고 자기주장을 굽히지 않으면 결과는 뻔한 노릇이었다.

물론 아주 작은 가능성이 있긴 했다. 민준이가 그냥 입을 다물고 있는 것이다. 그러면 똑똑한 서연이의 판단과 결정이 오롯이 팀의 결과에 반영될 터였다. 하지만 뭔가 꺼림칙했다. 그렇게 되면 혼자 힘으로만 다른 학교를 대표하는 2명의 학생을 상대해야 한다는 얘기였다. 그게 가능할지 서연이는 확신할 수 없었다.

'그게 가능한 일이었다면 시 교육청에서 애초에 경시대회를 개인전으로 하지 않았을까?'

절로 나오는 한숨을 내쉬며 서연이는 우선 민준이가 어떤 아이인지 좀 더 알아봐야겠다고 생각했다.

다음 날, 쉬는 시간에 매점을 향하던 민준이에게 웬 여자아이가 다가왔다.

"네가 송민준이지?"

"응, 그런데?"

"서연이가 학교 끝나고 너 좀 봤으면 한대."

"그래? 어디로 가면 돼?"

"파출소 알지? 그 앞 횡단보도 건너에 있는 스무디 파는 집."

그쪽은 민준이 집과는 반대 방향으로 아주 친숙한 동네는 아니었다. 그 앞에 스무디 파는 집이 있는지도 확신할 수 없었다. 하지만 스마트폰으로 미리 찾아보면 될 것 같았다. 다행히 오늘은 프로그래밍 학원 시작 시간이 평상시보다 조금 늦는 날이었다.

"알았어. 그럼 거기서 기다리겠다고 전해 줘."

대답을 해 놓고 나니 '아차!' 하는 생각이 들었다. 민준이 주머니에 스무디값을 낼 만한 돈이 없었다.

'어쩌지? 먼저 가서 들어가 있지 말고 앞에서 만나는 수밖에 없겠는데.'

민준이의 바람도 무색하게 오늘따라 담임선생님의 종례시간은 길었다. 허겁지겁 달려갔지만 스무디 집 앞에서 서연이의 모습을 발견할 수 없었다. 혹시나 하는 마음으로 안을 들여다보니 이미 자리를 잡고 앉아 있는 모습이 보였다. 민준이는 무거운 마음으로 문을 열고 들어갔다.

"안녕, 네가 민준이지?"

테이블에 다가가자 서연이는 살짝 미소를 지으며 말을 건넸다.

"안녕."

자리에 앉으며 민준이는 어색하게 인사했다. 다시 말문이 막혔다. 무슨 말을 해야 할지 머리가 텅 비는 느낌이었다. 얼마 후 간신히 할 말을 하나 찾아내어 입을 열었다.

"며칠 전에 고마웠어."

"뭐가?"

"교무실에서. 내 편 들어 줘서."

"아니야, 당연히 그렇게 됐어야 하는 일인걸."

"너, 참 남자같이 씩씩하고 용감하더라."

서연이는 살짝 당황했다. 그동안 서연이 주변을 맴돌던 남자아이들은 한결같이 예쁘다는 얘기만 해 왔다. 선생님과 어른들은 대개 어떻게 그렇게 공부를 잘하느냐는 칭찬뿐이었다. 그런데 이 못 보던 아이는 고작 한다는 얘기가 남자처럼 씩씩하다는 거다. 예쁘다거나 똑똑하다는 얘기 없이. '나한테 그런 면이 있나?' 하고 생각하면서 서연이는 뭔가 기분이 좋아졌다.

"선생님이 2주 뒤에 있는 구 예선을 우리 둘이 알아서 준비하라고 하셨어."

"아……."

"그래서 기본적인 대회 규칙을 알아야 하는데, 혹시 좀 알아봤니?"

민준이는 당혹스러웠다. 생각지 않던 일이었기 때문이다. 서연이에게 미안한 마음이 들면서 다시 얼굴이 빨개졌다.

"아니, 그런 생각 못 했어."

민준이가 고개를 푹 숙이자 서연이는 손을 내저었다.

"아니, 괜찮아. 알아봐야 한다는 걸 네가 알 수가 없었잖아."

그건 사실이었다. 요 며칠 동안 벌어진 일은 민준이에게 예상외 사건들의 연속이었다.

"내가 어제 좀 알아봤는데, 그 얘기를 해 줄게."

서연이는 설명을 시작했다. 구 예선에는 관내 18개 중학교가 모두 참가하여 각 학교를 대표하는 총 18개 팀이 경쟁을 벌일 예정이었다. 관내 중학교 수가 10개에 못 미치는 구도 있고 많으면 30개에 육박하는 구도 있는 것을 감안하면, 18이라는 숫자는 많지도 적지도 않은 편이었다.

이 중 상위 30% 이내에 드는 팀에게 시 경시대회 본선에 참가할 자격이 주어졌다. 그러니까, 예선을 통과해 본선에 나갈 수 있는 학교는 18개교 중 상위 5팀까지였다. 지금의 3학년생이 참가한 작년 구 예선에서 예성중학교는 14등의 성적으로 탈락했다. 아니, 좀 더 정확하게는 개교 이래로 예성중학교는 구 예선을 통과한 적이 한 번도 없었다.

"와, 그럼 거의 가망이 없겠네."

민준이가 자포자기하는 말을 하자 서연이는 눈을 크게 뜨고 민준이를 정면으로 응시했다. 동시에 목소리 톤이 차분해졌다.

"그래? 우리 학교 선배들이 한 적이 없으면 우리도 할 수 없는 걸까?"

"아무래도 그렇잖아. 확률적으로 생각해 봐도 그렇고."

"이전에 해 본 사람이 없으면 정말 불가능한 거야?"

서연이는 웃는 얼굴로 되물었다. 겉으로만 보면 조용조용히 얘기하는 것처럼 보였지만, 민준이는 자신을 향해 날아오는 강한 에너지를 느꼈다.

"민준아, 남극 대륙에 있는 남극점에 제일 먼저 도달한 사람이 누군지 알아?"

뜬금없는 서연이의 질문에 대한 답을 용케도 안다는 사실이 민준이는 기뻤다.

"아문센, 노르웨이 탐험가."

"맞아, 1911년에 그랬어. 그 전까지는 남극점에 도달한 사람이 아무도 없었어. 그런데 이전까지 아무도 한 적이 없으므로 앞으로도 안 된다고 생각했으면 아문센이 남극 탐험을 떠날 수 있었을까?"

"……."

민준이는 다시 얼굴이 빨개짐을 느꼈다. 부끄러웠다.

"그런 뜻은 아니었어, 미안."

미안하다는 민준이의 말에 서연이도 평소의 톤으로 돌아왔다.

"해 보지도 않고 미리부터 안 된다고 생각하면 어떤 것도 할 수 없대. 결과는 알 수 없지만, 난 너랑 할 수 있는 데까지는 이번 대회 열심히 준비해 보고 싶어."

민준이가 진심 어린 표정으로 고개를 끄덕이자 서연이는 재빨리 화제를 돌렸다.

"그런데 안타깝게도 외부에 공표된 대회 규칙은 지금까지 얘기한 게 전부야. 그 외에는 소문 비슷하게 다 떠도는 얘기래."

"그럼 대회가 어떤 식으로 치러지는지 모른단 말이야?"

"응. 소문에 의하면, 가상의 돈을 주고 그것을 활용해 여러 가지 결정을 내리면 그 결과에 의해 성적이 결정된대. 정확한 규칙은 일부러 안 알려 주고 또 매년 바꾼다나 봐. 안 그러면 경시대회 준비 학원 같은 데가 생겨서 대회를 망쳐 놓는대."

다른 말은 귀에 안 들어 왔지만 가상의 돈이라는 말에 민준이의 귀가 번쩍 뜨였다. 버추얼 머니, 즉 가상의 돈은 게임의 고수인 민준이에게 익숙한 개념이었다. 민준이는 자랑스럽게 말했다.

"뭔가 컴퓨터 게임하고 비슷한 데가 있는 거 같네. 게임 포인트 같은 걸 키우는 일이라면 나 웬만큼 잘할 수 있는데."

서연이가 답답한 표정을 짓자 민준이는 얼른 입을 닫았다. 금융경시대회 얘기를 하고 있는데 게임 포인트라니. 서연이는 '괜히 고집을 부려 이런 일을 겪게 됐나' 하는 생각이 들기 시작했다.

사실 서연이가 느끼는 불안감에는 이유가 있었다. 물론 돈이 무엇인지 모르지는 않았다. 돈으로 물건도 사고 친구들과 분식점에 가서 군것질도 하니까. 하지만 돈에는 그 수준을 넘어서는 손에 잡히지 않는 무언가가 있다는 막연한 느낌을 늘 떨칠 수 없었다. 멀리서 보면 뚜렷이 보이지만, 가까이 다가가 보면 뿌연 안개와 다를 바 없는 하늘 위의 구름처럼. 서연이는 어렴풋이 돈이 구름과 같다고 느꼈다.

서연이는 좀 더 돈에 대해 알아봐야겠다고 생각했다. 각자 며칠 동안 돈과 금융경시대회에 대해 알아보고 일주일 후에 만나서 그 내용을 서로 나누자고 민준이에게 제안했다. 게임 머니 외에 별다른 할 말이 없어 부끄러웠던 민준이도 서연이의 제안에 흔쾌히 동의했다. 서연이에게 나도 그렇게 엉터리는 아니라는 걸 보여 줄 기회가 생긴 것이다.

서연이는 이미 머릿속에 떠올린 사람이 있었다. 바로 아빠였다.

그날 저녁, 서연이 아빠 방의 서재 문 사이로 서연이가 얼굴을 빠끔히 내밀었다.

"아빠, 바빠요?"

"아니. 우리 딸, 아빠한테 할 얘기가 있나 보네?"

"응, 나 돈에 대해서 알고 싶어. 시 교육청에서 주관하는 금융경시대회가 있는데, 우리 학교 대표로 어떤 남자애랑 같이 나가게 됐어. 그런데 대회 규칙도 공개 안 되어 있고, 막상 돈을 어떻게 굴려야 잘하는 건지 아는 게 없어서."

중학생이지만 아빠 앞에서는 여전히 어리광을 부리는 외동딸의 질문이 서연이 아빠는 기특하기 그지없었다.

"아, 그 대회? 아빠도 들어 본 적 있어. 처음에 팀마다 1만 환을 주고, 그걸 정해진 시간 안에 잘 운용하고 관리하는 대회라던데?"

"1만 환? 환이 뭐야? 원 아닌가?"

"원이라고 불러도 되지만, 대회를 주관하는 데서 환으로 정했으니까."

서연이 아빠의 설명이 이어졌다.

"옛날에는 엽전, 즉 량(兩)을 기본 단위로 해서 1량, 2량, 이렇게 돈을 셌어. 그러다 19세기 말, 20세기 초에 환(圜), 원(元), 전(錢)이라는 새로운 돈의 이름이자 단위가 도입됐어. 1환은 1원과 같았고, 또 5량이 1환, 20전이 1량으로 정해졌지. 그러니까 1환은 5량이면서 100전이었던 거야."

"아빠, 무슨 과학 단위 얘기하는 거 같아. 그렇게 복잡하게 여러 이름 쓰지 말고 그냥 지금처럼 원 하나만 쓰면 안 돼?"

"맞아, 여러 이름을 써야 할 이유는 없어. 실제로 1910년에 일본에 나라를 뺏긴 이후 돈의 단위는 원 하나로 통일이 됐어. 그런데 우리말 발음은 같지만 다른 글자야. 원래 쓰던 원나라 할 때의 원(元)이 아니고, 일본 돈의 단위인 원(圓)이 들어온 거지."

"별로인데, 그럼. 지금 일본 돈을 쓰고 있는 거야?"

"그렇진 않아. 1953년 6.25 전쟁이 끝나기 몇 달 전에 원(圓)을 없애고, 환을 우리나라 돈의 이름으로 삼았어. 그런데 1962년에 또다시 이름을 환에서 원으로 바꿨지. 그 후론 계속 원으로 쓰고 있고. 그러니까 일본 돈인 건 아니지만, 뭔가 기분이 찜찜한 구석이 없지 않아."

서연이는 예전부터 우리 말 단어에 의문이 있었다. 말이란 서로 대화할 때 헷갈리지 않도록 만들어야 할 것 같았다. 그런데 우리 말에는 서로 헷갈리는 말이 너무 많다. 예를 들어 '성'이라는 단어를 들었을 때, 그게 한서연 할 때의 '한'과 같은 성(姓)을 나타내는 건지, 남한산성, 진주성 할 때의 성(城)을 나타내는 건지, 아니면 남자, 여자 할 때의 성(性)을 나타내는 건지 꼭 추가로 되물어야 했다.

이런 문제의 대부분은 중국 한자에서 온 단어 때문이다. 그런데 나중에 알고 보니 막상 이런 단어들이 중국어 발음으로는 서로 다른 경우가 많다고 했다. 중국인은 겪지 않는 문제를 한자 때문에 우리만 겪고 있는 것이다.

잠깐 다른 생각에 빠져들었던 서연이는 퍼뜩 정신을 차렸다.

"아빠, 난 돈이 왠지 구름 같다는 생각이 들어. 알고 있는 것 같으면서도 잘 모르겠고. 돈이 뭔지 아빠 설명을 듣고 싶어."

"그래, 아빠가 설명해 줄게. 이리 와서 앉아 보렴."

서연이가 책상 앞에 앉자 아빠가 설명을 시작했다.

"보통 교과서 같은 데서 돈의 기능에 네 가지가 있다고 해. 서연이 너도 들어 본 적 있을 거야."

"예전에 배웠던 것 같아. 초등학생 때 보던 학습만화에서도 본 적 있는 것 같은데?"

"그 네 가지를 다시 두 가지씩 묶어서 1차적 기능과 2차적 기능으로 나누기도 해. 1차적으로는 교환의 매개 수단, 가치의 척도라는 기능이 있어. 2차적으로는 장래 지급의 표준, 가치 저장의 수단이라는 두 가지 기능이 있지.”

“아빠, 말이 어려워.”

서연이 아빠는 이해한다는 표정을 지으며 말했다.

“아빠도 동감이야. 용어에 너무 신경 쓰지 말고 각각 뜻하는 게 뭔지 설명해 줄 테니 잘 들어 보렴. 먼저 ‘교환의 매개 수단’부터 설명할게.”

“응.”

“이건 말이야, 우리가 필요로 하는 물건을 구하려고 할 때 돈이란 게 없으면 굉장히 불편해질 수가 있어. 만약 농부가 생선을 좀 사려고 하는데, 돈이 없고 가진 게 쌀뿐이라고 생각해 봐. 물론 쌀도 가치가 있긴 하지만 무거워서 들고 다니기 불편할뿐더러, 막상 생선을 파는 어부가 쌀이 필요하지 않다고 하면 난처하잖아.”

“그건 그렇지.”

“하지만 돈이 있으면 그런 난처한 상황을 면할 수 있잖아. 들고 다니기도 편하고 말이야.”

“그렇구나.”

“그다음은 ‘가치의 척도’인데, 이건 아까 서연이가 얘기한 거랑 같아. 마치 길이를 재는 단위로 미터를 쓰고 무게를 재는 단위로 킬로그램을 쓰는 것처럼, 물건의 가치를 재는 단위로 돈을 쓴다는 거야. 우리나라 돈의 단위는 아까 얘기한 것처럼 ‘원’이고.”

서연이는 이해할 수 있다는 듯 고개를 끄덕거렸다. 아빠는 설명을 계속했다.

"그다음으론 2차적 기능에 속하는 것들인데, 이 둘은 서로 연결돼 있단다. 우선 '장래 지급의 표준'이라는 건 나중에 지켜야 하는 의무를 돈으로 낼 수 있다는 뜻이야."

"그게 무슨 말인지 잘 이해가 안 되는데."

"용어가 가슴에 와 닿지 않지? 어떤 의미인가 하면, 1년 뒤에 내야 할 세금이라든가 갚을 돈 같은 걸 돈으로 낼 수 있다는 뜻이야."

"그건 너무 당연한 얘기 아니야? 돈을 갚을 게 있으니까 돈으로 낸다는 건?"

"여기서 중요한 건 현재가 아니라 미래에 지켜야 할 의무를 현재 우리가 돈이라고 부르는 걸로 해소할 수 있다는 점이야. 사실 이 세 번째 기능은 아빠도 썩 맘에 들지는 않아. 그러니, 마지막 네 번째 얘기로 넘어가자. '가치의 저장'인데, 지금 쓰고 남아 있는 돈을 의미해. 이 돈을 잘 보관하고 굴리면 미래에 요긴하게 쓸 수 있겠지? 그런 점에서 '가치의 이전'이라는 용어를 쓰기도 해."

서연이는 알 듯 말 듯 한 표정을 지으며 물었다.

"아빠, 설명을 다 들었는데도 별로 '그렇구나' 하는 생각이 들지 않아. 내가 멍청한 건가?"

"아니, 그렇진 않아. 아빠가 좀 전에 얘기한 것처럼 사람들은 돈에 네 가지 성질이 있다고 말하지만, 아빠가 보기에 그 네 가지를 아는 건 그다지 중요한 일이 아닌 것 같아. 그렇게 네 가지 성질이 있다고 얘기하는 것 자체가 돈의 본질적인 성격을 보지 못하게 하는 면도 있고."

"그럼 아빠가 보기에 돈은 뭐야?"

"한마디로 정의하라면, 돈은 물건을 살 수 있는 힘 혹은 구매력이라고 하면 어떨까 싶어."

물건을 살 수 있는 힘이라는 말을 듣자 문득 서연이는 어떤 생각이 떠올랐다.

"그럼 컴퓨터 게임에서 쓰는 포인트랑 실제 돈이랑 별로 다를 게 없다는 얘기네?"

서연이 아빠는 무릎을 탁 치며 대답했다.

"그거 좋은 비유인걸? 컴퓨터 게임에서 포인트나 버추얼 머니로 아이템을 살 수 있고, 또 많이 모아 놓으면 나중에 요긴하게 쓸 수 있으니 말이야. 포인트가 게임 세계에서의 돈이고 원이 우리나라 돈이듯, 돈이란 보편적인 게 아니고 특정한 장소와 시간에 따라 달라질 수 있단다. 우리나라 돈으로 미국에서 물건을 살 수 없고, 예전 엽전을 갖고 요즘 아무것도 살 수 없는 것처럼 말이지."

놀라움에 서연이의 입이 딱 벌어졌다.

'아까 민준이가 하려던 얘기가 이런 뜻이었을까?'

아리송한 표정을 짓고 있는 서연이를 아빠는 한참 동안 말없이 바라보았다.

역사 선생님이 금융을 코치할 수 있을까?

학원 수업을 마치고 집에 돌아온 민준이에게 엄마의 까칠한 목소리가 날아들었다.

"민준이, 너 이리 와서 앉아 봐."

'또 뭘 갖고 그러는 거지, 엄마는?'

불안한 마음으로 자리에 앉으면서 엄마의 눈치를 살폈다. 엄마는 단단히 화가 나 보였다.

"엄마가 너 프로그래밍 학원 다닌다고 할 때, 다른 학원 수업 열심히 안 하면 어떻게 한다고 했어? 못 다니게 한다고 그랬지?"

"네."

"그런데 왜 논술 학원 숙제 제대로 안 했어? 학원에서 오늘 전화 왔어!"

"해서 냈는데요."

변명을 하긴 했지만 민준이의 목소리엔 힘이 없었다. 드디어 올 것이 왔다는 자포자기의 심정이었다.

"숙제를 어떻게 해서 냈길래 너무 성의 없이 형식적으로 낸다는 얘기를 엄마가 선생님한테 들어야 돼!"

민준이 엄마는 급기야 버럭 소리를 질렀다.

틀린 얘기는 아니었다. 민준이는 논술에 흥미를 느끼지 못했다. 별로 관심이 가지 않는 주제에 대해 억지로 읽고, 거기에 정해진 형식에 따라 글까지 써야 하니 고역 중의 고역이었다. 게다가 그날 프로그래밍 연습을 하다가 밤이 너무 깊어 논술 숙제를 제대로 할 시간이 없었다. 어쩔 수 없이 거의 책 내용을 베끼다시피 해서 제출했다.

"이럴 거면 학원 아예 다니지 마. 너 나중에 자라서 도움되라고 학원 다니라는 거지, 네가 열심히 할 게 아니라면 우리 집 형편에 쓸데없는 낭비야."

민준이는 깜짝 놀랐다. 그동안 엄마가 혼낼 때 한 번도 한 적이 없는 얘기를 처음으로 들었기 때문이다. 열심히 안 한다고 혼난 적은 물론 있었다. 그럴 때 엄마는 다른 애들은 다 하는데 너만 안 하면 안 된다고 했다. 그렇게 조금 혼나다가 열심히 하겠느냐는 엄마의 다짐에 알겠다고 대답하면 끝이 났다. 그런데 오늘은 분위기가 사뭇 달랐다.

민준이네 집은 경제적으로 아주 여유로운 편은 아니었다. 민준이네 아빠는 회사에 다녔고 엄마는 전업주부였다. 아빠가 벌어 오는 월급 중 상당한 금액이 민준이의 사교육에 들어갔다. 가끔 이것 때문에 아빠와 엄마가 말다툼을 할 때도 있었다. 민준이는 그 돈이 적지 않다는 것을 짐작하고 있었지만 자세한 내용은 알지 못했다. 아니, 좀 더 정확히 얘기하자면 별로 알고 싶지 않았다. 민준이에게 돈 문제는 엄마와 아빠의 문제지, 자신의 문제는 아니었다.

　예전 같으면 민준이는 차라리 학원 다 끊으라는 엄마의 말에 속으로 쾌재를 불렀을지도 모른다. 하지만 상황이 달라졌다. 민준이는 요즘 다니고 있는 프로그래밍 학원에 푹 빠져 있었다. 다른 학원은 몰라도 이걸 그만둔다는 건 생각조차 하기 어려운 끔찍한 일이었다. 민준이는 다시는 그런 일이 없도록 하겠다고 엄마에게 손이 발이 되도록 빌었다. 태어나서 처음으로 민준이는 돈이 없어서 겪게 되는 아쉬움을 뼈저리게 느꼈다.

　"오늘 수업은 여기까지다."

　들릴락 말락 하는 역사 선생님의 목소리는 언제나처럼 느릿느릿했다. 아이들은 이미 일어서서 딴짓을 하기 시작했다. 출출해진 민준이도 매점으로 가려던 참이었다.

　"송민준."

　자신의 이름이 들려오자 민준이는 주위를 둘러보았다. 수업이 끝난 손병석 선생님이 부른 거였다. 의외의 일이었다. 선생님은 가까이 다가오라는 눈빛으로 바라보고 있었다.

　'저 선생님이 나한테 웬일이지?'

　미적거리던 민준이는 마지못해 교실 앞으로 나가며 대답했다.

　"네."

　"네가 이번에 시 주최 금융경시대회에 나가게 됐다며?"

　"네."

"그런데 정병기 선생이 지도하지 않겠다고 했다는데 사실이니?"

"그렇게 말씀하셨다고 들었어요."

민준이는 이 선생님은 왜 이런 걸 묻는 걸까 의문이 들었다.

"너 말이다, 수업 끝나고 대회 나가게 된 또 다른 친구 있지? 그 친구하고 같이 내 자리로 잠깐 오도록 해라."

"네? 아, 알겠습니다."

엉겁결에 대답을 한 민준이를 뒤로 한 채 손병석 선생님은 느릿느릿한 발걸음으로 교실을 나갔다. 뒤에 남겨진 민준이는 어리둥절할 따름이었다.

여기엔 충분한 이유가 있었다. 손병석 선생님은 역사를 가르치는 선생님이었다. 역사 선생님이 금융경시대회에 관심을 가진다는 건 생각하기 어려운 일이었다. 게다가 손병석 선생님은 정년 퇴임이 얼마 남지 않은 할아버지 선생님이었다. 수업 시간에 워낙 말과 행동이 느릿느릿하여 '인간 수면제'라는 별명이 생길 정도였다. 어떻게 보더라도 금융과 손병석 선생님 사이에서 연관성을 찾기는 어려웠다.

그래도 오라는데 안 갈 수는 없었다. 민준이는 카톡으로 서연이에게 있었던 일을 알렸다. 어차피 오늘은 일주일 만에 둘이 만나서 돈에 대해 알아낸 걸 주고받기로 한 날이었다. 서연이는 궁금증을 가진 채로 알겠노라고 민준이에게 답신했다.

"내가 너희 둘을 보자고 한 건 말이다."

민준이와 서연이가 다 모이자 손병석 선생님은 예의 느릿느릿한 말투로 얘기를 시작했다.

"이번 경시대회에서 너희의 비공식 지도교사 역할을 해 주고 싶어서다."

'아, 이제는 별일이 다 생기는구나.'

민준이는 속으로 땅이 꺼져라 한숨을 내쉬었다. 역사 선생님이, 그것도 돈을 굴리는 데 필요할 듯한 약삭빠름과는 너무나도 거리가 먼 할아버지 선생님이 지도를 하겠다고 자청하다니. 민준이는 동의를 구해 볼 요량으로 옆자리의 서연이를 돌아다 봤다. 그런데 서연이의 눈빛이 반짝반짝 빛나는 거였다.

"네. 좋아요, 선생님."

서연이가 좋다고 대답하는데 민준이 혼자 싫다고 할 재간은 없었다. 기어들어가는 목소리로 민준이도 알겠다고 대답했다.

"그래, 그럼 먼저 한 가지 질문을 던져 보겠다. 너희들이 생각하기에 돈이란 무엇인 것 같으냐?"

선생님의 질문에 서연이가 먼저 입을 열었다.

"그렇지 않아도 얼마 전에 저희 아빠에게 같은 질문을 해 봤어요."

"뭐라고 하시든?"

"네 가지 기능이 있다는 얘기를 하셨는데, 결론적으로는 뭔가를 사거나 원하는 것을 얻을 수 있게 해 주는 힘 같은 거래요."

서연이의 대답에 선생님은 긍정도 부정도 아닌 표정으로 고개를 끄덕였다. 그러더니 '너는?' 하는 표정으로 민준이를 바라봤다. 민준이는 이 상황이 곤혹스러웠다.

"저…… 컴퓨터 게임에 나오는 포인트나 체력 같은 거 아닐까요?"

선생님의 반응은 방금 전 서연이가 대답할 때와 별로 다르지 않았다. 민준이는 선생님과 서연이가 웃음을 터트리지 않아서 안도의 한숨을 쉬었다.

"그래, 돈이 무엇인지는 그쯤 알면 됐고. 이번에 너희가 나가는 대회가 금융경시대회인데 금융은 뭐라고 생각하느냐?"

말문이 막힌 서연이와 민준이는 서로 얼굴을 바라봤다.

'아니, 지도교사가 되겠다고 했으면 뭔가를 가르쳐 줘야지, 왜 자꾸 질문만 던지는 거야?'

이 상황이 불만스러운 민준이는 입을 굳게 닫았다. 먼저 입을 연 건 이번에도 서연이였다.

"금융이란, 돈을 잘 굴리는 게 아닐까요?"

선생님은 이번에도 민준이에게 눈을 돌렸다. 달리 할 말을 찾지 못한 민준이는 모기 같은 소리로 대답했다.

"저는…… 서연이 생각이랑 비슷해요."

"그렇구나. 너희들이 대답한 건 아주 틀린 얘기는 아니지만 좀 막연한 면도 있다. 그러면 여기서부터 얘기를 해 보자."

드디어 선생님이 뭔가 얘기할 모양이었다.

"돈에 대한 모든 일을 금융 혹은 재무라고 부른다. 돈을 벌고, 쓰고, 모으고, 구하고, 운용하는 모든 행위를 다 가리키는 말이지."

'돈에 대한 모든 일이라. 그건 당연한 얘기 아니야?'

민준이는 뭔가 불만족스러웠다. 하나 마나 한 얘기 아닌가 싶었다.

그런 민준이의 생각을 눈치라도 챈 듯 선생님은 곧바로 말을 이어갔다.

"그런데 이렇게만 얘기하면 손에 잘 잡히지 않지. 지금부터 하는 얘기를 잘 새겨듣도록 해라."

잠깐 뜸을 들인 선생님은 이전에는 들어 보지 못했던 낮은 저음으로 말했다.

"금융은 말이다, 미래를 위해 현재의 돈을 잘 관리하는 거란다."

뭔가 다른 얘기가 더 있을 것 같아 민준이와 서연이는 선생님을 바라보았다. 하지만 선생님은 입을 다문 채로 있었다.

민준이는 방금 전 선생님의 얘기를 다시 곱씹어 봤다. 좀 전에 서연이가 했던 얘기에 두 가지의 어구가 새로 붙었을 뿐이었다. '미래를 위해'라는 말과 '현재'라는 말이었다. 그런데 아까와는 달리 머릿속이 훤해지는 느낌이었다.

사실, 돈을 관리하는 이유는 오로지 미래를 위해서일 수밖에 없다. 나중에 필요한 돈을 미리 마련하고, 아껴 두고, 잘 자라도록 신경 쓰는 것, 그게 금융의 전부라는 얘기다. 지금은 중학생이지만 언젠가 자라 대학교도 가고, 결혼도 하고, 집도 장만하려면 돈이 필요한 건 틀림 없는 사실이다. 그리고 그에 못지않게 중요한 것이 현재의 돈을 관리한다는 점이다. 갖고 있는 돈, 들어오는 돈, 나가는 돈이 있을 텐데 이것을 잘 관리해야 미래의 필요를 해결할 수 있다.

민준이는 어제 엄마한테 혼나면서 들었던 말이 떠올랐다. 아빠 월급으로 자신의 학원비를 감당하기 만만치 않다는 얘기는 지금의 돈 관리에 대한 것이었다. 너 나중에 잘되라고 학원 다니게 한다는 얘기는 미래에 대한 얘기였다. 엄마 말마따나 미래에 도움이 되지 않는다면 돈 써 가면서 학원에 다닐 이유는 없었다.

한참 혼자만의 생각에 잠겨 있던 민준이는 선생님의 목소리에 다시 정신을 차렸다.

"금융에는 세 가지 비밀이 있다. 들어 본 적 있니?"

고개를 젓는 민준이를 힐끗 보면서 서연이는 대답했다.

"그런 게 있다는 얘기도 들어 본 적이 없어요."

"그래, 못 들어 봤을 거다. 어디에도 잘 안 나오는 내용이거든. 하지만 그걸 아는 것과 모르는 것 사이에는 엄청난 차이가 있지. 알고 싶으냐?"

선생님은 또다시 질문을 던졌다. 민준이는 '왜 자꾸 질문을 하지?' 하는 생각이 이번에는 들지 않았다. 그저 빨리 대답을 듣고 싶을 뿐이었다.

"예, 알고 싶어요."

"선생님, 가르쳐 주세요."

민준이와 서연이는 이구동성으로 대답했다.

"그래, 가르쳐 주마."

선생님은 숨을 고르고는 곧장 얘기를 시작했다.

"먼저, 첫 번째 비밀이다. 돈은 물과 같은 거란다."

돈이 물과 같다는 알쏭달쏭한 얘기를 듣자 서연이는 돈이 구름같이 느껴진다고 아빠한테 했던 말이 떠올랐다.

'구름도 결국은 물 아닌가?'

선생님의 설명은 계속됐다.

"콜라나 사이다를 담는 커다란 1.5리터짜리 페트병을 상상해 보자. 그걸 완전히 비우고 이제 물을 담는 거다. 내가 가진 돈이 많으면 페트병에 담겨 있는 물도 많을 거고, 반대로 돈이 별로 없으면 담겨 있는 물도 얼마 없겠지. 아예 지금 돈이 없으면 어떻게 될까? 그때는 페트병이 텅 비어 있을 거다."

이해할 만한 얘기였다. 돈이 많으면 담긴 물이 많고, 적으면 물이 적다는 설명은. 선생님은 쉬지 않고 말을 이어 나갔다.

"물을 마시지 못하면 사람이 죽듯이 돈도 마찬가지다. 사람에게 돈이 전혀 없으면 개인으로 살아갈 수가 없어. 사람의 생존에 돈은 필수다. 그 돈으로 생활하는 데 필요한 것들, 즉 물, 음식, 집, 옷, 전기, 난방 등과 같은 기본적인 것부터 필수적이지는 않지만 있으면 좋은 것들, 예를 들어 고급 차나 값비싼 레스토랑에서의 외식 등을 하거나 살 수 있게 되지."

민준이와 서연이는 사뭇 달라진 선생님의 분위기를 느꼈다. 느릿 느릿한 말투는 사라지고 목소리는 또랑또랑하기만 했다. 마치 폭포수가 쏟아져 내리는 것 같았다.

"자, 이제 돈을 버는 것과 쓰는 것을 생각해 보자. 돈을 버는 건 페트병에 물을 붓는 것과 같다. 많이 벌면 물이 많이 들어오고 적게 벌면 물이 조금밖에 안 들어온다. 적게 벌더라도 벌고 있는 게 있다면 페트병 속의 물은 어떨까? 계속 불어나겠지. 반대로 돈을 쓰면 페트병에서 물이 밑으로 새어 나가는 것과 같다. 많이 쓰면 많이 새어 나가고, 적게 쓰면 적게 새어 나가지."

민준이와 서연이는 선생님이 쏟아내는 말을 숨죽인 채 들었다. 선생님의 아우라에 압도되어 몸을 꼼짝할 수 없었다.

"돈이 관련된 대부분 문제는 앞에서 얘기한 이 간단한 원리를 무시해서다. 들어오는 돈은 100인데 나가는 돈이 그보다 크면 페트병의 물은 계속해서 줄 수밖에 없다. 원래 들어 있던 물이 있다면 그 즉시 페트병이 비어 버리진 않을 거고, 당장은 큰 문제가 없어 보일 수도 있지. 하지만 그런 적자 상태가 지속되면 언젠가는 파산할 수밖에 없어. 역사적으로 보면 말이다, 이런 사례를 수도 없이 찾아볼 수 있다. 보통 사람은 물론, 엄청난 재산을 상속받은 부자나 연봉이 높은 전문직도 예외가 될 수 없어. 학교나 회사 같은 단체, 심지어는 나라들도 이 원리를 무시하면 파산하고 말지."

선생님의 입에서 '역사적으로'라는 말이 튀어나왔음을 서연이는 놓치지 않았다.

'금융을 제대로 이해하려면 역사를 알 필요가 있을 것 같아. 손병석 선생님처럼.'

고개를 들어 선생님을 바라보니 선생님의 눈에서 빛이 나오는 듯했다.

서연이는 손병석 선생님에게 물어보고 싶은 것이 많았다.

"선생님, 금융의 첫 번째 비밀이 뭔지 이해할 수 있을 것 같아요. 이제 두 번째, 세 번째 비밀도 알려 주세요."

목이 말랐던지 선생님은 컵에 든 물을 한 모금 마셨다. 그러고는 얘기를 계속하려는데 난처한 표정의 민준이가 끼어들었다.

"저, 선생님, 죄송한데요. 제가 학원 시간에 늦을 것 같아서요."

눈치를 챈 선생님은 너그러운 표정으로 말했다.

"아, 그러니? 그럼 오늘 얘기는 여기까지 하자. 예선 날짜가 언제지?"

"이번 주 토요일이요."

"내일하고 모레, 시간이 이틀 더 있구나. 그러면 내일 점심시간에 점심 먹고 보는 걸로 정해도 괜찮을까?"

"네, 선생님."

서연이와 민준이는 동시에 대답했다. 교무실을 나온 민준이는 늦었다고 걱정하며 학원으로 내달렸다.

밍키를
데려왔으니
책임을 져야 해

집으로 돌아온 서연이를 제일 먼저 반겨준 건 언제나처럼 밍키였다. 밍키는 서연이가 키우는 애완견이었다. 밍키는 2살 된 비글 종으로 응석 부리기를 좋아하는 장난꾸러기였다. 서연이가 중학교에 입학할 때 엄마 아빠를 졸라서 입양해 온 녀석이었다.

　비글은 원래 사냥개였다. 몸이 크지는 않지만 단단한 체구로 순발력이 뛰어나다. 영리한 데다가 냄새를 워낙 잘 맡아 마약 탐지견으로도 유명했다. 비글이 어떤 개인지를 설명하는 가장 쉬운 방법은 만화 주인공 스누피를 얘기해 주는 거였다. 스누피가 바로 비글이다.

　밍키가 서연이네 집으로 오게 된 계기는 이랬다. 초등학교를 졸업할 무렵 서연이는 엄마 아빠와 함께 다른 도시에 사는 아빠 친구네 집에 놀러 간 적이 있었다. 그때 그 집에서 기르던 암컷 비글이 강아지 세 마리를 막 낳은 참이었고, 서연이는 귀여운 강아지들을 보고 사랑에 빠지고야 말았다.

　서연이는 그중 가장 귀여운 강아지를 키우고 싶었다. 흰색과 갈색,

검은색이 골고루 잘 어울리는 녀석이었다. 아빠 친구분도 한 마리 분양해 가라며 내 주셨다. 하지만 엄마가 고개를 저었다. 아빠 친구네처럼 마당이 있으면 몰라도 서연이네 같은 아파트에서 강아지를 키우기는 어렵다는 거였다.

평소에는 엄마가 안 된다고 하면 말을 잘 듣는 편이었지만, 꼬물거리는 강아지가 어쩔 줄 모르게 귀여웠던 서연이는 포기가 되질 않았다. 급기야 울음을 터트릴 정도였다. 그래도 엄마는 완강했다. 네가 지금 귀엽다고 데려가도 막상 집에 가면 밥 먹이고 목욕시키고 대소변 치우는 일은 엄마 차지가 된다고 했다.

결국 서연이는 엄마에게 강아지 돌보는 일을 도맡아 하겠다는 맹세를 하고서야 허락을 받을 수 있었다. 강아지에 대한 모든 책임은 서연이가 지기로 한 거였다. 강아지에게 밍키라는 이름을 지어 준 것도 서연이였다.

막상 밍키를 데리고 와서 집에서 키워 보니 신경 쓸 일이 한두 가지가 아니었다. 밍키는 똑똑하고 총명한 강아지라 대소변을 가리는 데 어려움은 없었다. 그리고 서연이를 정말 잘 따랐다. 하지만 워낙 장난치기를 좋아했다. 흘러나오는 에너지를 주체하지 못해 집안을 완전히 엉망으로 만들어 놓곤 했다. 집 밖으로 데리고 나가 산책 겸 운동을 충분히 시켜 주는 게 유일한 해결책이었다. 할 일이 아무리 많아도, 심지어 내일이 시험이라도 예외가 될 수 없었다.

그럴 때면 간혹 '엄마 말 들을 걸 괜히 우겼나 봐' 하는 후회가 들기도 했다. 문제없이 밍키를 돌볼 수 있으리라 생각했지만 생각했던 것보다 훨씬 어려웠다. 항상 모든 문제가 이런 식이었다. 안다고 생각했지만 아는 게 아니었다. 미래를 예측할 수 있다는 생각은 거의 예외 없이 서연이를 배신했다.

그렇다고 서연이는 밍키를 나 몰라라 하지 않았다. 아니, 그렇게 할 수 없었다. 서연이는 알고 있었다. 만약 자신이 밍키를 돌보지 않는다면 엄마는 단호하게 그 다음 날로 밍키를 내쫓아 버릴 거라는 사실을. '그렇게 되면 밍키는……' 하는 생각만으로도 서연이는 몸서리가 쳐졌다. 이 귀여운 것이 길거리에서 먹을 것을 구걸하고 잠을 자게 만들 수는 없었다.

옷을 갈아입고 밍키를 운동시키러 나가는 서연이에게 부엌에서 나온 엄마가 말을 걸었다.

"서연아, 모레 수빈이가 저녁때 놀러 온대. 뭐 해서 먹으면 좋을까?"

"아무거나 다 좋아."

한시라도 빨리 나가자고 밍키가 잡아끄는 통에 제대로 대답할 겨를도 없었다. 2년이 지났지만 서연이는 밍키를 데리고 오기로 한 자신의 결정에 책임을 져야 했다. 앞으로 몇 년이 더 흐른다고 그 책임이 없어질 리도 없었다.

무릇 모든 결정은 그랬다.

다음 날 점심시간, 손병석 선생님은 다시 서연이와 민준이를 자리에서 맞이했다.

"그럼 오늘 얘기를 해 보자꾸나. 어제 어디까지 했었지?"

선생님의 말투는 다시 평상시로 돌아와 있었다. 하지만 어제 선생님의 못 보던 면모를 봤던 탓인지 서연이와 민준이는 그 말투조차도 다르게 느껴졌다. 둘은 이제 시작이다 싶었는지 침을 꼴깍 삼켰다.

"금융의 세 가지 비밀 중에서 첫 번째 비밀까지 말씀하셨어요."

서연이는 눈을 빛내며 대답했다. 두 번째와 세 번째 비밀이 너무도 궁금했던 나머지 사실 서연이는 어젯밤 잠이 오지 않아 한참을 뒤척거렸다.

"그럼 오늘은 두 번째 비밀을 얘기해 주마. 그런데 그 두 번째 비밀을 얘기하기 전에 너희에게 물어볼 것이 있다."

"네, 선생님."

"너희가 좋아하는 일 세 가지를 한번 얘기해 보려무나."

'이건 또 무슨 질문이지?' 하는 생각이 서연이 머리를 스쳤다. 잘 짐작이 되질 않았다. 먼저 대답하고 싶지 않았던 서연이는 고개를 돌려 민준이를 바라봤다. 멍한 표정을 짓고 있던 민준이는 서연이의 시선에 정신을 차린 듯 대답하기 시작했다.

'얘는 이럴 때 좀 귀여워.'

서연이는 자기도 모르게 슬며시 웃음이 났다.

"저는요, 세상에서 컴퓨터 게임이 제일 좋고 재미있어요."

게임 얘기가 나오자 민준이 눈에서 초롱초롱 빛이 났다. 선생님은 빙그레 웃음을 지었다.

"그래, 그다음으론 뭐가 좋으냐?"

"그다음으로 컴퓨터 프로그래밍이 좋아요."

"세 번째는?"

"음…… 잠자는 거요."

서연이는 터져 나오는 웃음을 참지 못하고 품 소리를 내고 말았다. 선생님은 아무렇지도 않은 듯 알겠다는 표정을 지었다. 이제 서연이 차례였다.

"저는 친구들이랑 수다 떠는 거, 밍키랑 노는 거, 그리고 수학 공부하는 게 좋아요."

이번엔 민준이가 어이없어할 차례였다. 아니, 수학 공부하는 게 좋다니! 외계인이 따로 없었다. 그러나 선생님은 역시나 아무렇지도 않은 듯 엉뚱한 걸 물어봤다.

"밍키가 누구니?"

"밍키는 저희 집 강아지예요."

선생님은 이번에도 아까와 똑같은 표정을 지어 보였다. 선생님이 듣기에 민준이 대답이나 서연이 대답이나 큰 차이 없다고 느낄지도 모를 일이었다.

"자, 그러면 민준이는 컴퓨터 게임, 서연이는 친구들과의 수다를 마음껏 하고 있니?"

느닷없는 선생님의 질문이 갑자기 날아들었다. 예상외의 질문이긴 했지만 대답하기 쉬웠다. 누구라도 이런 질문에는 똑같은 대답을 하게 될 테니까.

"그렇진 않아요."

"아니요, 선생님."

서연이와 민준이는 누가 먼저랄 것도 없이 대답했다.

"아니라면 왜지?"

선생님은 기다렸다는 듯이 다시 물었다. 이런 질문에 대한 대답은 역시 서연이 차지였다.

"시간이 모자라서요. 떠들고 얘기하다 보면 시간 가는 줄 모를 정도로 즐거운데, 다른 해야 할 일도 있으니까요."

"시간이 좀 더 많으면 좋겠다고 생각했겠구나."

"네."

서연이의 대답에 민준이도 무한 긍정의 표정을 지어 보였다. 선생님도 동조하듯 말했다.

"하루가 100시간이나 200시간이라면 너희가 좋아하는 일을 좀 더 많이 할 수 있겠지. 그런데, 어쩌겠니. 하루는 24시간에 불과한걸. 그 24시간을 갖고 잠도 자야 하고, 밥도 세 번 먹어야 하고, 씻기도 해야 하고, 또 학교에 와서 공부도 해야 하니 말이다. 안 할 수 없는 그런 일에 들어가는 시간을 빼고 나면 얼마 안 남게 되지. 그 얼마 안 남는 시간을 갖고 너희가 좋아하는 일들을 원하는 만큼 할 수 없다는 건 어떻게 해 볼 도리가 없는 일이다."

서연이는 선생님 말씀이 틀린 얘기는 아니라고 생각했다. 혼잣말 같은 선생님의 얘기는 계속됐다.

"모든 결정은 말이다, 시간처럼 한정된 양을 어떻게 최대한 잘 활용할 수 있을까 하는 질문으로 연결된단다. 하루에 자유 시간이 6시간이라고 할 때 서연아, 네가 좋아하는 모든 일들을 충분히 다 할 수 있겠니?"

"부족하죠."

"부족하겠지. 그렇다고 해서 그 6시간을 어떻게 나눠서 활용할 건가 하는 상황이 어디로 가는 건 아니지. 여전히 하루에 그만큼의 시간은 너에게 주어져 있으니까."

"그건 그렇죠."

서연이는 조금 성의 없이 대답했다. 금융에 대한 두 번째 비밀을 듣고 싶은데, 선생님은 계속해서 다른 얘기만 할 뿐이었다. 금융의 비밀은 고사하고 돈의 'ㄷ' 자도 나오지 않았으니까. 그런 서연이의 뿌루퉁한 표정을 눈치챘는지 선생님은 드디어 돈 얘기를 꺼냈다.

"돈도 마찬가지다. 아무리 돈이 많아도 하고 싶은 걸 다 하고, 사고 싶은 걸 다 살 수 있는 경우는 없다. 돈의 양은 정해져 있기 마련이고, 반면 좋아하는 건 셀 수 없이 많지. 그렇다면 이 한정된 돈을 어떻게 나누어 쓰는 것이 최선인지 고민하지 않을 수가 없어."

서연이는 선생님의 얘기를 다른 데서 들어 본 적이 있었다. 이것을 '희소성의 원칙'이라고 부른다고 했다. 쓸 수 있는 자원이 무한하지 않고 한정된 반면, 사람들의 욕심은 끝이 없기 때문에 벌어지는 일이라는 거였다. 제한된 자원을 갖고 어떻게 하면 가장 큰 만족을 얻을 수 있는지 고민하여 결정하는 게 이른바 '경제 문제'라고도 들었다. 그 와중에 갑자기 민준이가 끼어들었다.

"맞아요. 롤에서 아이템빌드를 정할 때 그런 고민을 하게 돼요. 탑으로 가렌을 택하면 처음에 천갑을 간 다음에 양날도끼를 가야 할지 태불망으로 가야 할지 정해야 하거든요. 둘 다 사면 좋지만 골드가 모자라서요."

서연이와 선생님은 잠시 멍한 채로 있었다. 무슨 말인지 하나도 알아들을 수가 없었다. 부자연스러운 침묵을 깬 건 선생님이었다.

"롤이 뭐냐?"

민준이가 신이 나서 얘기했다.

"롤이요? '리그 오브 레전드'라는 컴퓨터 게임의 준말이에요."

서연이는 눈을 내리깔았다. 또 저 컴퓨터 게임 얘기가 나오고 말다니. 그런데 선생님은 별로 개의치 않는 듯했다.

"자, 그럼 이제 금융의 두 번째 비밀을 얘기해 주겠다."

서연이는 놓았던 정신줄을 다시 바짝 잡았다.

"금융의 두 번째 비밀은 내가 돈에 대해서 내린 결정으로 발생하는 결과는 전적으로 내 책임이라는 거다."

선생님의 얘기가 알 듯 말 듯 했던 서연이가 말했다.

"선생님, 조금 더 쉽게 설명해 주세요."

"그래, 네가 그렇게 말할 줄 알았다. 서연이 네가 미로로 된 동굴을 걸어가고 있다고 생각해 보자. 횃불을 들고 걸어가다 보니 두 갈래 길이 나왔어. 둘 중에 한쪽 길을 택해서 가야 하는데 한번 택하면 되돌아올 수 없다고 하자. 뒤에서 괴물이 쫓아온다고 생각해도 무방해. 그렇게 택한 길이 지상으로 통하는 길일지, 아니면 막다른 길일지, 혹은 더 무서운 괴물을 맞닥뜨리게 될지 미리 알 수가 없어. 그래도 선택을 피할 수는 없다. 돈에 대한 결정이 그렇다는 거다."

애기를 들으면서 서연이는 《황금알을 낳는 거위》라는 어렸을 때 읽었던 동화가 떠올랐다. 거위가 황금알을 하루에 한 개씩 낳아 주는데 만족하지 못한 거위 주인은 '황금알을 낳는 것을 보면 거위 뱃속에 더 많은 황금이 들어 있을 거야!'라고 생각했다. 욕심이 지나쳤던 것이다. 급기야 주인은 거위의 배를 가르기로 결심한다. 하지만 거위 뱃속은 텅 비어 있었고, 결국 주인은 애먼 거위만 죽이고 말았다.

"선생님, 그러니까 돈이 무한대로 있지 않으니 돈에 대한 선택과 결정은 고민해서 잘해야 하고, 그로 인해 발생하는 미래의 결과는 누굴 탓할 게 아니라 자기 책임이라는 얘기네요."

서연이의 얘기를 들은 민준이는 흠칫 놀랐다. 중학교 2학년보다 훨씬 어른이 하는 얘기처럼 들려서였다.

'역시 전교 1등은 아무나 하는 게 아닌가 봐.'

선생님은 의자 깊숙이 기댔던 몸을 일으키며 말했다.

"서연이 말을 들어 보니 충분히 금융의 두 번째 비밀을 이해한 것 같구나. 오늘은 이쯤에서 끝내자꾸나."

선생님의 얘기에 안도감을 느낀 민준이와는 달리 서연이는 뭔가 불만족스러운 표정이었다.

"선생님, 그러면 세 번째 비밀은 내일 가르쳐 주실 건가요?"

"아니다. 내일은 나한테 안 와도 좋다. 모레 토요일 예선을 치를 준비는 이제 충분해."

서연이가 살짝 찡그린 표정을 거두지 않고 있자 선생님은 자리에서 일어서며 말했다.

"금융의 세 번째 비밀은 말이다, 걱정하지 마라. 때가 되면 알려 줄게."

걱정하지 말라니. 이번 주 예선이 어떻게 될지 선생님은 무슨 수로 확신하는지 서연이는 몹시 혼란스럽기만 했다.

오늘과 내일을 만나게 하는 수학

다음 날 저녁 서연이는 집에서 수빈이 언니를 맞이했다.

"언니, 오랜만이야."

"야, 서연아! 오랜만이야. 언제 이렇게 키가 컸니? 대학생이라고 해도 믿겠는데?"

수빈이는 서연이의 이종사촌 언니였다. 수학을 전공하는 대학 2학년생으로 서연이보다 6살 많았다. 어렸을 때 가까운 동네에서 살았던 이유로 친자매 못지않게 친했다.

"신수빈, 이모가 네 얼굴 잊어버리겠다."

서연이 엄마가 부엌에서 나오면서 수빈이를 반겼다.

"이모, 보고 싶었어요."

화기애애한 분위기가 이어졌다. 서연이 엄마는 저녁 준비로 부엌으로 돌아가다 생각났다는 듯이 수빈이에게 말했다.

"참, 얘 수빈아. 너 서연이 수학 좀 가르쳐 줘라. 내일 무슨 시 대회 예선에 학교 대표로 나가게 됐다는데 서연이가 혼자서 걱정이 많은

가 봐.”

“무슨 대회인데요?”

서연이가 난처하다는 듯 끼어들었다.

“엄만…… 수학이 아니고 금융경시대회라니까.”

“금융경시대회면 돈을 세야 하니까 수학이 필요한 거 아니야?”

“별로 상관없는데, 엄마.”

서연이는 엄마 얘기가 못내 부담스러웠다. 하지만 수빈이는 아무렇지도 않다는 듯 말했다.

“요즘엔 그런 대회도 생긴 모양이네? 옛날엔 없었는데. 그래도 이 언니가 그 정도쯤은 충분히 얘기해 줄 수 있을 것 같은데?”

“거 봐라, 수빈이가 된다고 하잖니.”

서연이 엄마는 서연이를 가볍게 흘겨보고는 부엌으로 들어갔다. 수빈이는 거실 소파에 앉으며 얘기를 꺼냈다.

“이모 말씀처럼 돈을 다루기 때문에 실제로 금융에서 수학은 중요한 도구야. 어려운 고등수학을 구사할 줄 아는 물리학 박사나 공학 박사들이 주로 일하는 금융 분야도 있어.”

수빈이의 얘기를 들은 서연이의 눈동자에서 반짝 빛이 났다. 그동안 금융이라고 하면 그저 막연하면서도 단순한 일이라고만 느껴졌다. 거기서 쓰는 수학이라고 해야 덧셈 아니면 뺄셈이 전부가 아닐까 싶었다. 그런 점에서 서연이는 대회에 나가게는 됐지만 큰 관심은 없었다. 그런데 어려운 수학을 쓰는 분야도 있다고 하니 수학이 재미있기만 한 서연이가 관심이 생기는 건 당연했다.

"어, 그런 것도 있어? 어떤 건지 궁금한데."

서연이가 엄청난 관심을 보이자 수빈이는 손을 휘휘 내저었다.

"아아, 그런 게 있다는 것 정도만 알지 언니도 자세한 건 잘 몰라. 그런 데서 쓰는 수학은 어려워서 최소 대학원에 가야 배울 수 있거든."

약간 실망하는 기색을 보이는 서연이를 보며 수빈이는 말을 이어 갔다.

"우리 서연이 공부 욕심은 그대로네. 그래도 너무 실망하지 마. 고등수학이 아니더라도 금융경시대회에 도움이 될 만한 내용이 수학에는 많이 있어. 내가 그런 것들을 얘기해 줄게."

"알았어, 언니."

서연이는 사실 별로 실망하지 않았다. 수빈이 언니한테 설명을 들을 수 있어서 좋을 따름이었다. 수빈이는 무엇부터 얘기해 주는 게좋을까 고민하느라 잠시 뜸을 들였다.

"자, 그럼 제일 먼저 '미래의 돈과 현재의 돈의 등가성'부터 얘기해 볼까? 이런 말 들어 본 적 있어?"

"아니, 없어."

서연이의 대답에 수빈이는 귀여운 표정을 지어 보였다.

"없었을 거야. 왜냐하면 내가 방금 지어낸 말이거든."

서연이는 잠시 원망스러운 표정을 짓다가 수빈이 언니를 따라 같이 웃었다.

"보통 돈을 말할 때 금액만 얘기하잖아. 만 원, 5만 원, 이렇게. 그런데 좀 더 엄밀하게는 언제의 만 원인지를 얘기해 주는 게 좋아. 그러니까 지금 당장의 만원이거나 오늘로부터 1년 뒤의 만원, 이렇게 말이야."

"굳이 꼭 그렇게 해야 돼? 어느 시점이든 간에 만 원은 만 원 아닌 가? 내가 지금 만 원짜리 지폐를 하나 갖고 있는데, 그걸 그대로 책상 서랍에 넣어 뒀다가 1년 뒤에 꺼내 보면 여전히 만 원짜리 지폐잖아."

수빈이는 서연이 말에 빙그레 웃었다. 예전에 자신도 똑같은 얘기 를 했던 게 기억났기 때문이다. 그때 다른 사람에게 설명을 듣고도 한동안 긴가민가할 정도로 헷갈리는 내용이었다.

"어느 시점이든 만 원이라는 돈이 정해져 있다는 건 틀림 없는 사 실이야. 그런데 네가 얘기한 만 원짜리 지폐, 나라면 서랍에 넣어 두 기보다는 다른 방법을 써서 관리할 것 같은데?"

서연이는 잠깐 갸우뚱하더니 이내 답을 찾았다.

"은행에 예금 드는 거?"

"응, 은행에 맡겨 놓으면 이자가 생기니까 그냥 서랍에 넣어 두는 것보다는 훨씬 낫지."

"그건 알고 있어, 언니."

사실 그랬다. 서연이는 자신의 이름으로 된 예금 통장을 갖고 있었 다. 저축예금 통장에 설날 때 받은 세뱃돈이며 생일 때 받은 용돈 등 을 넣어 두었다. 하지만 서연이도 할 말이 있었다.

"은행에 예금 맡겨 놓아도 이자 별로 안 생기던데?"

"그래? 얼마나 생겼는데?"

"거의 없었어. 잠깐 기다려 봐. 통장 가져와 볼게."

서연이는 자신의 저축예금 통장을 찾아서 들고 왔다.

"음, 돈이 50만 원 조금 넘게 있는데 가장 최근에 받은 이자가 107원이야."

107원이라는 숫자를 들은 수빈이는 속으로 조금 뜨끔했다. 예상했던 것보다 너무 적은 탓이었다. 사실 수빈이가 서연이에게 해 주려던 얘기는 이런 게 아니었다. 하지만 기왕 말이 나왔으니 기본부터 얘기해 주자는 생각이 들었다. 수빈이는 서연이에게 물었다.

"이자가 얼마가 될지 계산하는 방법 알아?"

서연이는 그까짓 거 별로 어려울 게 없다는 생각이 들었다.

"예를 들어, 10만 원이 있고 이자율이 10%면 10만 원 곱하기 0.1 해서, 만 원이 생기는 거 아니야?"

"땡! 완전한 정답이라고 볼 수는 없겠는걸."

잠시 주춤했던 서연이는 억울하다는 듯 항변했다.

"10만 원 곱하기 10%면 만 원 맞는데."

"10만 원 곱하기 10%가 만 원인 건 맞아."

"그럼 뭐가 틀린 건데, 언니?"

영문을 몰라 당황스러운 서연이의 물음에 생글생글 웃고 있던 수빈이는 대답했다.

"얼마 동안의 이자율인지 얘기하질 않았잖아."

서연이의 머릿속이 복잡해졌다. 얼마 동안의 이자율인지 얘기하질 않아서라니. 잠시 생각하던 서연이는 다시 물었다.

"이자율은 원래 1년 단위로 얘기하는 거 아니야?"

"맞아. 꼭 그래야 한다는 법은 없지만 사람들이 보통 1년 단위의 이자율에 익숙하니까, 은행에서도 이자율을 얘기할 때 1년에 10%, 줄여서 연 10% 이렇게 얘기해. 하지만 한 달에 1%라든지, 혹은 일주일에 0.1% 같은 얘기도 얼마든지 할 수 있어."

"그러니까 언니 말은 내가 이자율 10%를 얘기할 때 그게 1년 동안의 것인지, 아니면 한 달 동안의 것인지를 얘기하지 않았기 때문에 틀렸다는 거야?"

"그게 한 가지 이유야. 그리고 또 다른 이유가 있는데, 이자를 받는 기간을 얘기하지 않아서야."

서연이는 잠시 혼자 생각에 잠겼다. 이윽고 뭔가를 생각해 낸 서연이는 수빈이 언니에게 말했다.

"똑같은 연 10%의 이자율이라고 하더라도 예금해 놓은 기간이 1년이냐 2년이냐에 따라 이자로 생기는 돈이 달라진다는 거지?"

"역시 서연이는 똑똑해. 맞아, 1년이라면 이자로 만 원이 생기겠지만 2년이라면 매년 만 원씩 생기니까 2만 원이 이자가 되겠지."

"언니, 그건 너무 당연한 얘기 아니야? 너무 뻔한 얘기라서 할 필요도 못 느꼈는데."

서연이가 항의하자 수빈이는 정색을 하고 되물었다.

"그래? 그러면 1년이 아니라 하루를 예금했다면 이자가 얼마가 생길까?"

서연이는 턱 하고 말문이 막혔다. 뻔하다고 생각했는데 막상 구하려고 드니 자신이 없었다. 뭔가 생각하지 못한 다른 규칙이 있을지도 모를 일이었다. 잠시 고민하다가 조심스럽게 대답했다.

"연 10%면 1년을 예금하면 10%의 돈을 준다는 얘기니까, 하루를 맡겼으면 연 10%의 365분의 1을 받게 돼?"

수빈이는 기쁜 표정으로 말했다.

"딩동댕, 정답입니다! 10만 원의 10%를 365로 나누면 약 27.4가 나오는데, 소수점 이하는 버리고 27원을 이자로 받게 돼."

서연이는 뭔가 기분이 편치 않았다. 사실 계산해 놓고 보면 별것 아닌 내용이었다. 곱하기 한 번에 나누기 한 번 한 게 전부였다.

"서연아, 그러면 네 저축예금 이자율이 얼마인지 계산해 볼까? 보통 은행은 3개월에 한 번씩 이자를 줘. 그러니까 네가 받았다는 107원은 3개월간의 이자일 거야."

"정확하게 원금이 50만 4,200원이었는데, 여기에 연 이자율 곱하기 91일 나누기 365일 한 값이 107원이 되는 거지?"

서연이는 이제 자신감을 갖고 수빈이에게 반문했다.

"맞아. 이걸로 이자율을 계산해 보면, 연 0.085%가 나오네."

"생각보다 정말 낮구나. 원래 이런 거야?"

"응. 네가 갖고 있는 예금이 저축예금이잖아? 그래서 그런 거야."

서연이는 약간 실망한 표정을 지었다. 막연하게나마 은행 예금이 돈을 관리하기에 안전하고 좋은 거라고 알고 있었다. 그래서 그동안 세뱃돈 등으로 받았던 돈을 은행에 맡겨 두었던 것이다. 서연이의 표정을 읽은 수빈이가 말을 건넸다.

"저축예금은 이자가 거의 없지만 대신 아무 때나 필요하면 그날로 돈을 되찾을 수 있어. 그러니까 언제 쓸지 모르는 돈을 보관해 놓는데 유용한 수단이야."

"이자를 더 받을 수 있는 건 없어?"

"물론 있지. 정기예금이라는 건데, 당분간 쓸 일이 없는 목돈으로 들면 좋아. 정기예금은 중간에 해약해 버리면 저축예금과 마찬가지로 거의 이자를 못 받지만, 처음에 정한 기간까지 손대지 않고 내버려 두면 꽤 많은 이자를 받게 돼."

서연이 표정이 다시 밝아졌다.

"이자율이 얼마나 되는데?"

"어느 때 드느냐에 따라 달라지는데, 요즘은 한 연 1.5% 정도 되는 거 같아."

"50만 원을 넣어 두면 1년 뒤에 5,000원 곱하기 1.5해서 7,500원이 생기겠구나."

서연이는 속으로 '칫, 이것도 그렇게 많은 돈은 아니네' 하고 생각했다. 하지만 한편으로 다시 생각해 보니 어쨌거나 7,500원이라는 쓸 수 있는 돈이 새로 생기는 거였다. 이 돈이면 친한 친구들인 채원이와 하은이한테 분식점에서 한 번 쏠 정도는 되었다.

"그래, 현재의 50만 원을 은행 정기예금에 넣어 두면 1년 뒤엔 50만 7,500원으로 바뀌잖아. 다시 말해, 지금의 50만 원은 1년 뒤의 50만 7,500원과 같다고 볼 수 있어. 이게 아까 내가 얘기했던 '미래의 돈과 현재의 돈의 등가성'이야."

서연이는 그럭저럭 이해가 됐다. 은행이 약속한 예금 이자를 주지 않는다는 건 생각할 수 없는 일이었다. 서연이의 표정을 살피던 수빈이는 다시 질문했다.

"그러면 내가 문제 하나 더 내 볼게. 1년 뒤의 50만 원은 지금 돈으로는 얼마일까?"

서연이는 연 1.5%라는 이자율을 이용해서 구하면 되는 거 아닌가 싶었다. 그러다 더 좋은 생각을 떠올렸다.

"비례 관계를 이용해서 구하면 될 것 같아."

$$50만 원 : 50만 7,500원 = x : 50만 원$$

"이렇게 놓고 풀면 음…… 49만 2,611원?"

"딩동댕!"

수빈이는 서연이가 정답을 얘기하자 자기 일처럼 기뻐했다. 그리곤 부연 설명에 나섰다.

"다시 말해서, 은행의 정기예금을 통해 현재의 돈과 미래의 돈이 일대일 대응관계를 갖게 되는 거야. 정기예금은 돈이 시간여행을 하도록 해 주는 중요한 도구란다."

"은행은 망할 수 없으니까 돈을 맡겨도 안전하잖아."

서연이가 아는 척했다. 하지만 수빈이는 고개를 가로저었다.

"엄밀하게 말하자면 사실 은행도 망할 수 있어. 그런 일이 벌어지면 예금을 다 못 돌려받기도 해."

"정말? 그러면 은행에 돈 맡기기 불안하잖아."

수빈이는 서연이를 안심시켰다.

"그런 일은 매우 드물어. 그래도 돈을 맡겨 놓을 수 있는 곳 중에 제일 안전한 데가 은행이거든. 게다가 각 은행당 5,000만 원까지의 예금은 정부가 보장해 주는 제도가 있어서 그 이내라면 걱정하지 않아도 좋아. 만약 5,000만 원이 넘는 돈이 있으면 여러 은행에 나눠서 예금해 두면 돼."

서연이는 완전히 안심이 되지 않았다. 하지만 은행보다 더 안전하게 돈을 맡겨 놓을 수 있는 데가 없다는 얘기에 더 이상 할 말은 없었다. 어쩌면 그건 피해갈 수 없는 숙명 같은 걸지도 모를 일이었다. 그러다 예전부터 궁금했던 한 가지 질문이 떠올랐다.

"언니, 저축은행이란 건 뭐야? 은행이랑 다른 거야?"

"은행과 비슷한 일을 하지만 완전한 은행은 아닌 곳이야."

수빈이는 대답을 해 놓고도 자신의 대답이 완전히 맘에 들지 않았다.

"그럼 그런 데에도 정기예금이 있어?"

"있기는 있어. 대개 저축은행의 정기예금은 보통 은행보다 이자율이 더 높아."

"그러면 그런 데 정기예금이 더 좋은 거 아니야?"

"대신 저축은행은 은행보다 아무래도 안전성이 떨어져. 지점 수도 적어서 돈을 맡기고 찾는 게 불편하지. 하지만 여기도 5,000만 원 이내라면 아까와 마찬가지의 제도에 의해 보장이 되니까 너무 큰 돈이 아니라면 괜찮아."

서연이는 이제 조금은 예금에 대해서 알 것 같았다. 무엇보다도 현재의 돈을 미래의 돈으로 확실하게 바꿀 수 있는 수단이라는 점이 맘에 들었다.

"아, 그런데 은행에 대해서 한 가지 얘기를 빠트린 게 있네."

"뭔데?"

"은행이나 저축은행에서 다루는 금융 상품 중에는 예금과는 달리 원금에 손실이 날 수도 있는 위험한 것들도 상당수 있어."

"헐, 그건 또 무슨 소리야?"

예상외의 말에 서연이는 귀를 쫑긋 세웠다.

"대표적으로 신탁이라는 이름으로 은행과 일대일 계약을 맺는 게 있는데, 그건 예금이 아니라서 손실이 나도 은행이 물어 줄 책임이 없어."

"언니, 점점 복잡해지는 거 같아."

"그러니까 은행에서 가입했다고 무조건 다 안심하면 안 되고, 내가 가입하는 게 예금자 보호 제도로 보장되는 것인지 꼭 확인하는 습관을 들이는 게 좋아."

서연이 머리가 막 아파지려는 참이었다. 그때 부엌에서 엄마의 목소리가 들려 왔다.

"애들아, 이제 저녁 준비 다 됐다. 얼른 와서 먹자."

수빈이 언니 손을 잡고 식탁으로 가면서 서연이는 '오늘 경시대회 고민은 이걸로 이제 그만!'이라고 속으로 외쳤다. 정기예금이 오늘의 돈과 내일의 돈을 연결해 주는 도구인 것처럼, 맛있는 저녁 식사는 오늘의 나와 내일의 나를 연결해 주는 도구라는 생각과 함께.

STORY
06

시험 성적과
실제 능력은
무관해

구 예선이 벌어지는 대회장은 구청의 대강당이었다. 대회 참가자들은 아침 9시까지 대회장으로 오도록 연락을 받았다. 민준이와 서연이는 대회장에서 직접 만나기로 약속했다.

예선 당일 날 아침, 대회장 주변은 각 학교를 대표해서 온 학생과 부모, 지도교사로 꽤 붐볐다. 학생들 표정이나 분위기가 만만치 않았다. 다들 자기네 학교에서 공부 꽤나 한다고 어깨에 힘이 잔뜩 들어가 있는 친구들처럼 보였다. 8시 50분쯤 대회장에 도착한 민준이는 이 아이들을 보며 약간 기가 죽었다.

저 멀리 인파 속에서 서연이를 발견한 민준이는 반가운 마음에 부르려다 흠칫 멈춰 섰다. 서연이가 못 보던 남학생과 얘기를 나누고 있는 것을 발견해서였다. 먼발치에서 바라보기에도 서연이 앞의 남학생은 훤칠한 외모에 키도 훌쩍 컸다. 한마디로 엄친아 중의 엄친아였다. 서연이와 마주 서 있는 모습이 너무나 잘 어울렸다.

민준이는 서연이에게 가까이 가지 못한 채 주변을 맴돌았다. 한참 후 남학생이 서연이와 서로 잘 가라고 인사를 나누곤 자리를 떴다. 멀어져 가는 남학생으로부터 서연이는 한동안 시선을 거두지 못했다.

민준이가 조심스럽게 다가가 인사하자 서연이는 밝은 표정으로 인사했다. 하지만 민준이는 왠지 모르게 쓸쓸했다. 여름날 강물에 비친 햇빛처럼 반짝이던 아까의 서연이 표정이 머릿속을 떠나지 않았다.

둘은 서둘러 대회장으로 들어갔다.

18개 학교를 대표해서 온 36명의 학생들만 있는 상태에서 대회를 주관하는 장학관이 앞에 나와 섰다. 부모와 교사들은 대회장에 입장이 허락되지 않았다.

"지금부터 예선 규칙을 안내하겠습니다. 간단한 안내가 끝나는 대로 학교별로 배정된 방으로 이동하겠습니다. 대회는 9시 30분 정각에 시작될 겁니다."

학생들 사이의 웅성거림이 가라앉자 장학관은 계속 말을 이어 갔다.

"본 경시대회는 기본적으로 학생 여러분들의 금융 기술과 역량을 겨루는 대회입니다. 예전에는 문제를 푸는 시험 형식으로 대회를 진행했습니다. 그랬더니 학생들이 금융 지식에 대한 문제를 푸는 훈련만 잔뜩 해 오는 부작용이 있었습니다. 게다가 시험 점수가 좋은 학생들의 판단이 그렇지 않은 학생들에 비해 실제 상황에서 별로 더 낫지 않더라는 뼈아픈 조사 결과를 계속해서 얻었죠."

36명의 학생들은 숨을 죽이면서 장학관의 설명에 귀를 기울였다. 이런 얘기는 처음 듣기 때문이었다. 아마도 민준이만 빼면 모두 자기

네 학교에서 시험에 관한 한 내로라하는 실력을 인정받는 친구들이었다. 그런데 시험 성적과 실제의 실력이 별개라니, 학생들은 별로 수긍이 가지 않는다는 표정이었다.

"물론 금융에 대한 지식은 금융 능력을 키우는 데 필요합니다. 하지만 지식이 아무리 많아도 이를 통해 실제의 금융 문제를 잘 해결하지 못한다면 아무런 소용이 없겠죠. 이론을 위한 이론이나 실제 상황에 적용할 수 없는 지식은 쓸모가 없습니다. 그래서 본 경시대회에서는 지식 자체가 아니라 실제 금융 능력을 겨루는 장이 되도록, 일종의 가상 현실에서 여러분이 내린 의사결정의 결과를 평가하려고 합니다."

갑자기 한 학생이 손을 들었다. 장학관이 허락의 신호를 보내자 학생은 질문했다.

"가상 현실이란 게 어떤 건지 잘 모르겠는데요."

장학관은 이해한다는 표정을 보이며 대답했다.

"가상 현실은 사이버 공간에서 체험하는 현실을 말합니다. 우리가 사는 실제 세계는 아니지만, 실제 세계와 유사한 경험을 할 수 있도록 해 주는 컴퓨터 상의 세상이지요."

다른 학생이 재차 손을 들고 질문했다.

"그러면 컴퓨터 시뮬레이션 게임 같은 걸 하는 건가요?"

몇몇 학생들은 컴퓨터 게임이라는 말에 키득거리며 웃었다. 하지만 진지한 표정의 장학관은 전혀 동요하지 않았다.

"시뮬레이션 게임이라…… 그것도 그렇게 나쁜 비유는 아니겠네요. 아무튼 본 대회에서는 여러분의 구체적인 선택과 결정으로 발생된 결과가 평가될 겁니다."

민준이는 주변의 다른 학생들을 둘러 보았다. 모두의 얼굴에서 '질 수 없다!'는 결의가 보였다. 민준이는 움츠러들었다. 한편으로 '시험은 몰라도 컴퓨터 게임 같은 거라면 지고 싶지 않아!' 하는 생각도 불끈 치솟아 올랐다.

"여러분은 시작할 때 1만 환이라는 가상의 돈을 받게 됩니다. 가상의 돈은 개인별로 주는 게 아니고, 각 학교를 대표하는 2명으로 구성된 팀에 주어집니다. 여러분의 과제는 이 돈을 잘 관리하고 운용하는 겁니다. 자세한 규칙은 지금 나눠 주는 유인물을 참조하기 바랍니다."

민준이와 서연이는 받은 유인물을 빠른 속도로 읽기 시작했다. 핵심적인 내용은 이랬다.

1. 각 팀은 총 25회에 걸쳐 돈에 대한 의사결정을 내린다.

2. 매회 각 팀은 3분 30초 동안 팀이 원하는 선택을 컴퓨터에 입력해야 한다. 그러고 나면 30초 후 팀이 내린 선택에 대한 결과를 확인할 수 있다. 따라서 한 회는 4분의 시간이 걸린다.

3. 매회 선택할 수 있는 행동의 수에는 제약이 없다. 한 가지 행동만을 택할 수도 있고 여러 가지 행동을 택할 수도 있다. 물론 3분 30초가 지난 후에 하는 선택은 아무런 효력이 없다.

서연이는 대회가 얼마나 오래 걸릴지 머릿속으로 계산해 보았다. 매회마다 4분이 걸리고 전부 25회니까 총 소요 시간은 4 곱하기 25인 100분이었다. 그러니까 쉬지 않고 2시간 가까이 계속 대회가 진행된다는 얘기였다.

서연이는 옆에 앉은 민준이에게 귓속말을 했다.

"선택할 수 있는 행동에 어떤 게 있는지 여기 나와 있어? 그게 뭔지 아는 게 중요할 것 같은데."

민준이도 같은 생각이었다. 자고로 컴퓨터 게임에서 플레이어가 택할 수 있는 옵션을 철저히 파악하는 건 기본 중의 기본이었다. 하지만 유인물에 그러한 내용은 나와 있지 않았다.

"저, 질문 있는데요. 매회마다 어떤 행동을 하느냐에 따라서 가상의 돈이 늘어나기도 하고 줄어들기도 하는 건가요?"

저쪽 끝에 앉아 있던 한 학생이 손을 들고는 곧바로 질문했다.

"그렇습니다. 거의 대부분의 행동은 가상의 돈을 일정 금액만큼 소모시킬 겁니다. 그리고 그 행동이 바람직하냐 아니냐에 따라서 그 회가 끝났을 때 가상의 돈이 추가로 생기거나 감소합니다."

앞에 선 장학관이 대답하자 이번에는 서연이 뒤에 앉은 학생이 질문했다.

"선택할 수 있는 행동에 대한 설명은 어디에 나와 있나요? 그리고 어떤 행동을 했을 때 발생할 결과에 대해서도 미리 알 수 있나요?"

민준이는 서연이를 쳐다봤다. 서연이가 아까 한 질문이라는 의미였다.

"선택 가능한 행동에 대한 질문 말고, 유인물에 대한 다른 질문은 없습니까?"

대회장 왼쪽에서부터 오른쪽까지 천천히 둘러본 장학관은 더 이상 다른 질문이 없다는 걸 확인하고서 말했다.

"좀 전에 두 가지를 질문했죠? 먼저, 선택 가능한 행동들은 유인물에 없고 여러분이 대회를 치를 컴퓨터에 다 나와 있어요. 굉장히 다양한 행동이 가능하기 때문에 일일이 여기서 어떤 것들이 있는지 얘기해 줄 수 없어요. 대회 시작 전까지 약간의 시간이 남을 텐데 여러분이 능력껏 읽어 보기 바랍니다."

장학관의 말에 일부 학생들은 좀 충격을 받은 듯했다. 아무리 실제의 금융 능력을 겨룬다고 설명해도 속으론 '에이, 설마' 하고 생각했던 모양이다. 시험이란 건 결국 네 가지 정도의 보기 중 한 가지 정답을 고르는 일이라고 훈련받아 온 탓이었다. 그런데 보기가 4개가 아니라 수십여 가지, 아니 그 이상도 될 수 있다고 하니 어디서부터 시작해야 할지 막막했다. 몇몇 학생들은 심지어 울상을 지었다.

"그리고 두 번째 질문, 대회 컴퓨터에는 선택 가능한 행동이 나열되어 있지만, 그 행동을 했을 때 얻게 될 결과는 나와 있지 않아요."

다시 말해, 무슨 일이 발생할지 미리 알 수 없다는 얘기였다. 학생들의 표정은 더욱 일그러졌다. 불만으로 가득 찬 분위기를 감지한 장학관은 다시 말을 이었다.

"여러분의 불만은 알겠지만, 결과가 나와 있지 않은 이유는 대회를 주관하는 우리들조차도 그 결과를 알 수 없기 때문입니다. 실제 세계에서 우리가 겪는 상황이 그렇거든요. 똑같은 행동을 선택해도 어떤 때는 좋은 결과가 나오는 반면, 어떤 때는 원치 않는 결과가 나오기도 하지요."

대회장에 있는 다른 학생들의 시큰둥한 반응과 달리 민준이와 서연이는 장학관의 설명이 낯설지 않았다. 손병석 선생님이 얘기한 금융의 두 번째 비밀과 비슷한 점이 있다고 느꼈다. 미래에 무슨 일이 벌어질지 알 수 없으니 그만큼 내 행동에 대한 책임은 내가 져야 한다.

"자, 더 이상 질문이 없으면 각 팀은 이제 배정된 방으로 이동하십시오. 선생님들, 학생들을 안내해 주세요."

예성중학교라는 이름표가 붙어 있는 방에 들어간 민준이와 서연이는 봇물 터진 듯 말을 쏟아냈다.

"대회 시작 전까지 10분 조금 넘게 남았어."

"빨리 어떤 선택들을 할 수 있는지 찾아봐야 해."

컴퓨터가 편하고 익숙한 민준이는 재빠르게 마우스를 움직이며 관련된 페이지를 넘겨 나갔다. 민준이의 자신감 있는 모습에 서연이는 속으로 약간 놀랐지만 내색을 하지는 않았다.

"아무래도 선택할 수 있는 가짓수가 너무 많아서 시작 전까지 다 볼 수 없을 것 같아."

민준이의 말에 서연이는 잠시 생각한 후 답했다.

"우리가 잘 모르는 행동들에 대해서 지금 알아보는 건 무리인 것 같아. 나중에 여유가 생기면 모르겠지만. 민준아, 우선은 우리가 알 만한 쉬운 것들로 범위를 좁혀서 결정해 보자."

민준이는 서연이 말에 전적으로 동감했다. 실시간 전략 시뮬레이션 게임에 익숙한 민준이에게 서연이 말은 너무나 당연한 얘기였다. 게임을 잘 모르겠다는 이유로 아무것도 안 하고 손 놓고 있을 수는 없는 노릇이다. 이를테면, 맵 구석구석 정찰을 다 마치기 전이라도 최소한의 필수 건물을 올릴 필요가 있다. 하다못해 치즈 러시라도 가려면 계속 일군이라도 뽑아 놓아야 한다.

민준이와 서연이는 우선 기본적인 항목을 발견했다. 기초생활비라는 항목이었다. 이것을 행하면 매회당 500환이라는 돈을 소모해야 했다.

"이걸 하기로 하면 매회 500환씩 없어져. 우리가 처음에 갖고 있는 돈이 1만 환이니까 생기는 돈이 없으면 20회 만에 우리는 파산하게 돼."

서연이는 살짝 미간을 찌푸리며 말했다. 그 말에 민준이가 화답했다.

"내 생각엔, 생활비라는 항목이 있다면 어딘가에 월급 같은 항목이 있을 것 같아."

서연이는 민준이 말이 별로 미덥지 않은 눈치였다. '이걸 택하지 않고 할 수 있을까?' 싶어서 혼자 고민하고 있는데, 민준이가 목소리를 높였다.

"여기 있다! 월급을 받는 다양한 직업을 고를 수 있어."

정말이었다. 그중에는 꽤 큰돈을 월급으로 받게 되는 직업도 있었다. 하지만 대부분 직업은 표시만 되어 있을 뿐, 선택은 할 수 없게 되어 있었다. 당장 선택할 수 있는 것들은 그렇게 월급이 많지 않았다. 아마도 경험이 쌓이거나 추가적인 교육을 거친 후에야 더 많은 월급을 주는 직업을 택할 수 있는 것 같았다.

민준이와 서연이는 상의 끝에 회사원을 직업으로 택하기로 했다. 회사원을 택했을 때 받을 수 있는 월급은 350환에 불과했다. 매회마다 150환씩 갖고 있는 돈이 없어진다는 뜻이었다. 고를 수 있는 다른 직업 중에는 회사원보다 더 월급이 많은 직업도 여럿 있었고, 그중에는 500환이 넘는 월급을 주는 것도 있었다.

하지만 서연이는 회사원 쪽이 처음 월급은 많지 않은 듯해도 나중 가면 더 많아질 가능성이 높으니 이쪽을 택하자고 강하게 얘기했다. 민준이는 그냥 서연이 말을 따르기로 했다.

이때 대회 시작을 알리는 벨이 울렸다. 9시 반이 된 것이다. 민준이와 서연이는 서둘러 기초생활비와 회사원이라는 선택을 컴퓨터에 입력했다.

그러는 사이에도 시간은 째깍째깍 흘러갔다. 이번 회의 남은 시간을 보여 주는 시계가 컴퓨터 화면 왼쪽 위에 떠 있었다. 채 3분이 안남았다. 더 이상 다른 행동을 선택하지 않으면 500환을 쓰고 350환이 생겨, 첫 번째 회가 종료되고 나면 가진 돈이 9,850환이 될 터였다.

컴퓨터에는 민준이가 아직 채 열어 보지도 못한 수많은 메뉴가 남아 있었다. 각 폴더에 민준이와 서연이가 택할 수 있는 구체적인 행동들이 나열되어 있었다. 그중 가장 눈길을 끄는 메뉴는 금융 상품이라고 이름 붙은 메뉴였다.

민준이는 일단 금융 상품을 열어 보았다. 그 안에는 예금, 대출, 금융투자 상품이라고 이름 붙은 하위 메뉴가 있었다. 그중 금융투자 상품을 택하자 주식이니 펀드니 하는 어려운 말들이 튀어나왔다. 눈이 핑핑 도는 것 같았다.

옆에서 지켜보던 서연이가 나지막이 민준이를 타일렀다.

"손병석 선생님이 얘기한 두 번째 비밀 잊었어? 뭔지도 잘 모르는 이런 걸 택했다가 손해 보면 다 우리 책임이 될 텐데?"

"이걸 하자는 얘기는 아니었어. 그럼 어떻게 하면 좋을까?"

"다른 건 모르겠지만 예금에 대해서는 내가 어제 사촌 언니한테 배웠어. 남는 돈은 우선 예금에 넣어 두면 좋을 것 같아. 돈이 없어질 걱정이 없는 데다가 매회 이자가 조금씩 생길 거거든."

"좋아."

민준이와 서연이는 첫 번째 회에서 했던 선택을 크게 바꾸지 않은 채로 25회까지 유지했다. 단순하게 선택하다 보니 조금씩이지만 시간이 남았다. 그래서 남는 시간에는 선택 가능한 행동에 어떤 것들이 있는지 찾아 읽어 보았다. 하지만 모르는 건 하지 않는다는 원칙은 철저히 지켰다.

돈이 조금씩 불어남에 따라 예금의 액수를 늘려야 했고, 어느 시점에는 서연이가 찾아낸 예금자 보호 금액의 한도에 따라 거래하는 은행 수를 늘리기도 했다. 무엇보다도 다행스러운 것은 민준이와 서연이가 택한 회사원이라는 직업이 횟수가 지남에 따라 월급이 상당히 올라갔다는 점이었다.

그렇게 100분이 흐르고 11시 10분 정각에 예선이 끝났다. 민준이와 서연이의 최종 금액은 2만 5,000환을 약간 넘는 정도였다. 그러니까 25회를 거치는 동안 약 2.5배 이상 돈을 불렸다. 하지만 다른 학교 팀의 금액은 알 수 없기 때문에 자신들의 성과가 얼마나 잘한 것인지 확신할 수 없었다.

36명의 학생들은 다시 강당으로 모였다. 최종 결과는 30분 후인 11시 40분에 발표될 예정이었다. 원래 아는 사이인 다른 학교 학생들끼리 서로 결과를 비교하느라 강당은 시끌시끌했다. 어떤 금융 상품에 투자하여 큰 이익을 봤다거나 아예 무슨 소리를 하는지도 알아들을 수 없는 무언가를 해서 돈을 불렸다는 등 다른 학교 팀 얘기에 민준이는 절로 주눅이 들었다.

드디어 11시 40분, 장학관이 종이 한 장을 들고 단상으로 올라갔다.

"결과를 발표하겠습니다. 등수는 따로 발표하지 않고 예선을 통과해 시 본선 경시대회에 나가는 학교들만 호명하겠습니다. 세환중학교, 명진여자중학교, 동화여자중학교, 선북중학교, 그리고……."

이미 호명된 4개 학교 학생들이 환호성을 질렀다. 민준이가 체념하는 마음으로 돌아보니 서연이는 입술을 꽉 다문 채 있었다. 이제 남은 자리는 단 하나. 가능성은 아까의 18분의 5에서 14분의 1로 줄었다. 게다가 작년까지의 예성중학교 성적을 놓고 보면 확률은 0이었다.

"마지막 학교는, 예성중학교입니다. 축하합니다."

민준이는 자기 귀로 듣고도 잘 믿기지 않았다. 자신 때문에 망친 건 아니라는 안도감에 마음이 놓였다. 서연이와 기쁨을 나누려는데

아까 대회 시작 전에 보았던 남학생이 뚜벅뚜벅 서연이와 민준이한
테 다가오는 게 눈에 들어왔다.

서연이 앞에 온 남학생은 말을 건넸다.

"서연아, 축하해. 이제 같이 시 본선에 참가하게 됐구나."

"그래, 지훈아."

이지훈이라는 명찰이 달린 남학생의 교복을 힐끗 보니 세환중학교
거였다. 민준이는 이지훈이라는 이름을 속으로 되뇌고 또 되뇌었다.

가상 세계에서 주사위를 10만 번 던지다

월요일, 예성중학교는 구 예선 결과로 다소 소란스러웠다. 학교 역사상 처음 있는 시 대회 본선 진출에 대부분의 선생님과 학생들은 놀라면서도 기뻐했다. 유일하게 머쓱해 하는 사람은 원래 서연이와 민준이의 지도교사여야 했던 사회 과목 선생님이었다.

　학생들 사이에선 예선 결과에 관해 갖가지 소문이 돌았다. 예를 들면, 본선에 올라간 5개 학교가 호명된 순서가 1등부터 5등까지라고 했다. 그 말이 사실이라면 서연이와 민준이는 글자 그대로 가까스로 통과했다는 얘기다.

　사실 운이 좋았다고 볼 면도 있었다. 소문에 의하면 몇몇 학교는 투자에만 몰두한 나머지 생활비 항목을 아예 택하지 않았다가 탈락했다고 했다. 또 잘못된 금융 상품에 손댔다가 큰 손실을 입은 학교, 빚을 많이 졌다가 결국 갚지 못해 실격 처리된 학교 얘기도 많았다.

　민준이와 서연이가 예선을 치른 방식은 건전하고 탄탄하다고 볼 만했다. 언제 어느 때라도 기본적으로 채택할 만한 방법이었다. 하지만 그런 방식만 고수해서는 시 본선대회에서 좋은 성적을 거두기 어렵다고 둘 다 느꼈다. 예선 때 사용하지 않았던 여러 금융 상품에 대한 어느 정도의 지식이 필요했다.

그러나 당장 민준이의 관심은 다른 데 있었다. 민준이는 가장 친한 친구인 세혁이와 형규에게 물었다.

"야, 너희 이지훈이라는 애 알아?"

"이지훈? 모르겠는데. 우리 학교 애야?"

세혁이가 되물었다.

"아니, 세환중학교. 우리랑 같은 학년이야."

민준이의 대답에 형규가 아는 척했다.

"아, 걔? 걔 나랑 초등 동창이야. 근데 왜?"

"아니, 그냥. 어떤 앤가 해서."

민준이는 별로 대수롭지 않다는 듯이 대답했다. 왠지 속마음을 들키는 것 같아 가슴이 쿵쿵 뛰었다.

"지훈이는 스타야, 스타. 초등학교 때 우리 학교 한서연하고 일등을 번갈아 가면서 했어."

"그렇구나. 저번 주 토요일 예선 때 왔더라고. 세환중학교가 우리 구에서 1등 한 것 같던데."

"걔가 근데 공부만 잘하는 게 아니라 성격도 좋아. 운동은 또 얼마나 잘하는데. 그리고 당시 한서연하고 사귄다는 소문이 학교에 쫙 돌았어, 큭큭."

민준이는 마음이 털썩 내려앉는 것 같았다.

"야야, 딴 얘기하자, 딴 얘기. 새로 나온 슈팅 게임 해 봤어?"

민준이 마음을 아는지 모르는지 세혁이가 끼어들었다.

그날 저녁, 프로그래밍 학원에 온 민준이에게 형들이 말을 걸어 왔다.

"축하해. 내 동생한테 얘기 들었는데, 네가 너희 학교 처음으로 금융경시대회 구 예선 통과했다면서?"

"오, 멋진데."

그때 막 강의실로 들어오던 학원 선생님이 아이들이 떠드는 얘기를 들었다.

"금융경시대회? 그런 게 있어?"

"네, 우리 꼬맹이 민준이가 학교 대표로 나가서 1등을 했대요."

얼굴이 붉어진 민준이는 재빨리 정정했다.

"1등은 아니고요, 꼴찌로 겨우 구 예선을 통과했을 뿐이에요."

민준이에게 프로그래밍을 가르치는 강사는 홍현조 선생님이었다. 대학 때 통계학과 경영학을 복수 전공한 홍 선생님은 학생들의 얘기에 호기심이 생겼다.

"선생님이 학교 다닐 땐 그런 거 없었는데, 요즘 좋아졌네. 그럼 재무이론에 대한 시험을 본 거야?"

"저, 그런 게 아니고요. 가상의 돈을 관리하고 불리는 거였어요."

쭈뼛대는 민준이의 대답이 홍 선생님에게는 너무나 흥미로웠다. 시험을 보지 않고 가상의 세계에서 직접 금융 능력을 겨루게 하다니, 이거야말로 들어 보지 못한 얘기였다.

"야, 그러면 민준이 네가 주식이나 펀드 같은 투자 상품에 막 투자해서 수익을 남기고 그랬던 거야? 대단한데."

홍 선생님이 한 가지씩 더 물어볼 때마다 민준이 얼굴은 점점 새빨개져 갔다.

"그런 걸 잘해서 1등 한 팀도 있는데요, 저희는 그게 뭔지 잘 몰라서 그냥 은행 예금만 들었어요."

"은행 예금만 든 게 문제는 아니지. 상황에 따라 그렇게 하는 게 최선인 경우도 얼마든지 있을 수 있거든."

홍 선생님은 뭔가 옛날 생각에 잠긴 듯했다. 강의를 농땡이 치고 싶은 마음인 형들은 선생님을 부추겼다.

"선생님, 투자 상품 얘기 좀 해 주세요!"

"경영학 복수 전공하셨으니까 잘 아실 거잖아요."

"좋아. 그럼 내가 조금 얘기해 주지."

"와!"

아이들은 즐거워하며 자세를 추슬렀다. 민준이 눈빛도 덩달아 또랑또랑해졌다. 이제 금융투자 상품을 조금은 알 수 있겠구나 싶은 생각에 마음이 들떴다.

"우선 금융투자 상품, 줄여서 투자 상품에는 은행 예금과 근본적으로 다른 점이 있어. 그게 뭔지 아니?"

홍 선생님의 물음에 대부분 학생들은 고개를 갸웃했다. 한 학생이 대답했다.

"이자가 결정되어 있으면 예금이고, 이자가 얼마가 될지 알 수 없으면 투자 상품이요."

"좋은 시도지만 정답은 아니다."

방긋 웃으며 홍 선생님이 말했다.

"왜 아닌지 예를 들어 설명해 줄게. 투자 상품 중에는 채권이라고 하는 게 있어. 채권은 회사나 기업이 돈을 빌렸다는 증표 같은 거야. 그렇게 돈을 빌릴 때는 미래 어느 시점에 원금을 얼마의 이자와 함께 갚겠다고 약속하고, 그 내용을 채권에다가 기록해 놔. 외관상 은행 정기예금하고 하나도 다를 바가 없지. 은행 정기예금도 돈을 맡기면 정해진 날짜에 원금과 이자를 받게 되니까. 그런데 결정적으로 말이야, 채권은 부도가 날 수 있어."

"부도가 난다는 건 회사가 망했다는 뜻 아닌가요?"

한 학생의 질문에 홍 선생님은 대답했다.

"맞아. 돈을 빌려 간 회사가 망하면 돈을 빌려준 사람은 자기가 빌려준 돈을 돌려받을 수가 없게 되지. 채권이라고 하는 종이쪼가리가 한순간에 휴지가 돼 버리는 거야."

"우와, 그럼 돈을 잃은 거잖아요. 위험하네요."

선생님은 고개를 끄덕였다.

"실제로 투자 상품은 위험해. 위험하다는 말은 내 돈에 손실이 날 가능성이 없지 않다는 뜻이야. 이게 은행 예금과 투자 상품의 가장 결정적인 차이지."

가만히 얘기를 듣고 있던 민준이는 의문이 생겼다.

"그런데 손실이 날 때도 있지만, 반대로 큰 이익을 볼 때도 있지 않나요? 세환중학교 팀은 투자 상품을 잘 거래해서 1등이 됐나 봐요."

"그래, 그것도 사실이긴 해. 투자 상품은 잘되면 예금 이자보다 더 많은 수익을 거둘 때도 있어."

민준이는 그게 전부는 아니라는 생각이 들었다. 투자 상품이란 잘 못되면 돈을 통째로 다 잃기도 하고, 잘되면 큰돈을 벌 수도 있다는 점은 충분히 이해할 만했다. 그런데 그보다는 여러 투자 상품 중에서 어떤 것을 선택해야 큰 수익을 거둘 수 있을지를 미리 아는 게 더 중요할 것 같았다.

"어떤 투자 상품이 좋을지 아는 방법이 있나요?"

민준이의 질문에 홍 선생님은 싱긋 웃으며 대답했다.

"그게 말이다, 참 알기 어렵단다. 그리고 무엇보다도 내가 그걸 알면 여기서 프로그래밍 강사를 하고 있겠니?"

선생님의 너무도 솔직한 말에 모두 웃음을 터트렸다.

"그보다는 대표적인 투자 상품의 종류에 대해 간단히 얘기해 보자. 너희들, 아는 투자 상품에 뭐가 있니?"

"주식이요."

홍 선생님은 그럴 줄 알았다는 듯한 표정을 지으며 설명을 시작했다.

"투자라고 하면 보통 어른들은 주식을 떠올려. 주식은 어떤 회사에 대한 소유권을 나타내는 증서 같은 거야. 회사가 이익을 많이 남기면 1년에 한 번씩 주식을 가진 사람들한테 돈을 조금 줘."

"와, 그러면 예금이랑 비슷한 면이 있네요."

"그런가? 그런데 그렇게 주는 돈이 대개는 예금 이자보다 적어. 회사가 별로 장사를 못 했으면, 즉 나눠 줄 돈이 없으면 한 푼도 안 주는 경우도 흔해. 결정적으로 주식은 가격이 오르락내리락 해서 큰 손해를 보기도 쉽고, 반대로 큰 이익을 보는 경우도 있어."

홍 선생님의 설명을 들은 민준이는 '주식은 위험한 투자 상품이겠어' 하고 속으로 생각했다.

"또 다른 거, 아는 거 있니?"

이번에는 다른 학생이 대답했다.

"펀드요. 우리 아빠가 펀드에 투자해요."

"그래. 펀드는 말이야, 좋은 주식을 고르는 일이 무척 어렵거든. 그래서 주식을 잘 아는 사람이 자기가 보기에 좋은 주식을 골라서 바구니에 담아 놓은 거랑 비슷한 거야."

"그것도 주식처럼 돈 내고 사는 거예요? 그 값을 어떻게 알죠?"

또 다른 학생이 질문하자 홍 선생님은 답했다.

"얘들아, 바구니에 사과 2개랑 배 1개가 담겨 있다고 생각해 봐. 사과는 개당 1,000원이고 배가 개당 2,000원, 그리고 바구니 자체 가격이 공짜라고 할 때 그 바구니 전체 가격이 얼마일까?"

"음, 아마도 4,000원이요?"

"맞았어. 1,000원짜리가 2개 있고, 2,000원짜리가 1개 있으니 다 합하면 4,000원이 되지. 그럼 이제 사과와 배는 각각 다른 회사의 주식이고 바구니가 펀드라고 생각하는 거야. 펀드의 가격은 결국 그 펀드에 담겨 있는 주식들의 가격에 따라 결정되겠지?"

"네."

"주식의 가격은 계속 변하기 때문에 그 주식들이 담겨 있는 펀드도 가격이 늘 변해. 두 배 이상 오를 수도 있지만, 반대로 반 토막 나거나 그 이하로 떨어질 수도 있어."

학생들은 슬슬 흥미를 잃기 시작했다. 아이들의 표정 변화를 읽은 홍 선생님은 프로그래밍 수업을 시작하기 전 마지막으로 학생들과 민준이에게 말했다.

"주식이든 펀드든 어떤 투자 상품이든 제일 중요한 건 이거다. 투자란 여윳돈을 갖고 해야 돼. 다시 말해, 다 없어져도 그만이라는 생각이 드는 돈으로 주식이든 펀드든 사는 거야. '값이 떨어지면 어떻게 하나' 걱정할 돈이라면 하지 않는 편이 훨씬 낫단다. 그리고 민준아, 투자 상품을 샀을 때 발생하는 여러 경우를 볼 수 있는 프로그램을 한번 짜 봐. 그동안 배운 내용으로 충분히 할 수 있을 거야."

생각하지 못했던 홍 선생님의 제안에 민준이는 놀랐다. 조금 더 생각해 보니 불가능한 일은 아닐 것 같다는 생각이 들었다. 오늘 밤에 당장 집에 돌아가면 프로그램을 짜 봐야겠다는 생각에 저절로 흥분이 됐다.

실제로 해 보니 민준이가 배워 왔던 게임 프로그램을 만드는 일과 비슷했다. 며칠을 고생해서 프로그램을 고치고 고친 끝에 민준이는 결국 원하는 시뮬레이션 프로그램을 완성했다. 관련된 책을 찾다 보니 이것에 대한 이름도 있다는 걸 알게 됐다. '몬테카를로 시뮬레이션'이라는 어디서 들어 본 것 같은 이름이었다.

사실 몬테카를로는 유럽에 있는 조그만 도시 국가 이름이다. 이 도시 국가는 관광지면서 휴양지로 유명한 곳으로 특히 카지노가 유명하다. 카지노에서 하는 도박에는 여러 종류가 있지만, 그중 특히 주사위를 갖고 하는 것이 많다. '몬테카를로 시뮬레이션'은 실제로 주사위를 던지는 대신 컴퓨터를 이용해 가상 세계에서 주사위 던지는 실험을 하는 거였다. 민준이가 만든 프로그램은 주사위가 아닌 투자 상품의 투자 결과를 실험해 본다는 차이가 있었다.

프로그램이 제대로 작동하는 걸 확인하자 민준이는 서연이에게 연락했다. 다음 날 방과 후 서연이와 민준이는 서연이네 집에서 만났다. 민준이는 자신의 보물 1호인 최신형 노트북을 들고 와서 서연이에게 자신의 프로그램을 보여 줬다.

민준이가 일러 주는 대로 서연이가 키보드의 버튼 하나를 누르자 한 주식의 새로운 가격이 계산되어 나왔다. 처음보다 14%가 하락하여 손실이 발생했다.

"이렇게 손해를 본다면 도저히 나로선 이런 데 투자 못 할 것 같아."

심란한 목소리로 서연이가 말하자 민준이는 다시 한 번 눌러 보라고 얘기했다. 이번에는 8% 가격이 오르는 결과가 나타났다. 여러 차례 계속 눌러 보자, 40% 이상 오르는 경우도 발생하고 반대로 반 이하로 떨어지는 경우도 있었다.

"한마디로 들쭉날쭉하네. 이익이 날 때도 있지만 크게 손실을 볼 때도 있어."

서연이는 자신이 느낀 바를 혼잣말처럼 중얼거렸다. 다른 주식이나 펀드에 대해서도 해 봤지만 결과는 대략 비슷했다. 민준이는 이번엔 다른 버튼을 눌러 보라고 얘기했다. 서연이가 누르자 약간 시간이 걸리더니 막대 그래프 하나가 화면에 떠올랐다.

"이건 뭐야?"

"이건 이 주식의 가격 변화에 대해 10만 번 가상 실험한 결과야. 한 번씩 눌러서 볼 결과를 컴퓨터에 10만 번 하게 시켜서 정리해 놓은 거라 보기가 편해."

서연이는 또박또박 얘기해 나가는 민준이가 이전과는 좀 달리 보였다. 다른 건 몰라도 프로그래밍은 분명히 민준이가 서연이보다 한참 위였다.

그때 서연이 방문을 열고 서연이 아빠가 들어왔다.

"네가 민준이구나. 반갑다. 나는 서연이 아빠야."

"안녕하세요."

민준이는 서연이 아빠의 환한 표정이 편하게 느껴졌는지 주눅 들지 않고 인사했다.

"오, 제법 멋진 프로그램인데? 네가 직접 짰다면서?"

서연이 아빠는 오른손 엄지손가락을 추어올렸다. 민준이는 살짝 부끄러웠다.

"이렇게 가상 시뮬레이션을 해 보니 무슨 생각이 들든?"

"투자 상품이란 건 함부로 쉽게 사면 안 될 것 같아. 이게 좋은 건지 나쁜 건지 미리 조사도 많이 하고 고민한 후에 신중하게 결정해야 할 것 같아, 아빠."

서연이의 대답이 마음에 들었는지 서연이 아빠는 활짝 웃음을 보였다.

"이것에 관해서 예전부터 전해 내려오는 아주 유명한 말이 있단다. 라틴어로 '카베앗 엠토'라고 하는데, '사는 사람들이여, 제발 조심해라'란 뜻이야. 투자 상품은 특히 손실이 날 수 있기 때문에 조심해서 결정해야 하고, 그러니 이 말이 딱 어울린다고 볼 수 있어."

서연이와 민준이는 서연이 아빠 말에 고개를 끄덕였다. 서연이 아빠는 말을 계속했다.

"길게 보면 말이다, 어떤 투자 상품이든 평균적으로는 대략 비슷한 수익이 발생해. 짧게 보면 어느 투자 상품으로 이익을 봤다는 사람이 있기 마련이다만, 그런 사람 얘기만 듣고 나도 그런 이익을 볼 수 있겠거니 생각하는 건 굉장히 위험해. 왜 그런지 아니? 가장 쉽게 설명하자면 세상이 대략 공평하기 때문이란다."

서연이와 민준이는 알 듯 말 듯 한 표정을 지었다.

돈이 모자랄 땐 어떻게 해야 해?

서연이 아빠는 갑자기 화제를 돌렸다.

"서연아, 금융경시대회 시 본선은 언제니?"

"다음 주 토요일."

서연이 아빠는 속으로 시간이 아주 많지 않다고 생각했다.

"투자 상품의 수익률에 대한 시뮬레이션을 직접 해 봤으니, 이제 그에 못지않게 중요한 내용을 알 차례인 것 같구나."

"그게 뭔데, 아빠?"

서연이 아빠는 '혹시 너는 뭔지 알겠니?'라는 표정으로 민준이를 바라봤다. 민준이는 황급히 고개를 가로저었다. 서연이 아빠는 천천히 말했다.

"수수료란다."

서연이와 민준이는 약간 실망했다. 뭔가 서연이 아빠로부터 대단한 걸 듣게 될 거라고 기대한 탓이었다. 그런데 고작 수수료라니. 시시한 주제라는 생각을 지울 수 없었다.

서연이 아빠는 아이들이 맥이 풀려 한다는 것을 느꼈다. 예상하지 못한 일은 아니었다. 강의 시간에 이 얘기를 꺼냈을 때 대학생들로부터도 항상 비슷한 반응을 보아 왔기 때문이다.

"민준아, 수수료가 뭐라고 생각해?"

서연이 아빠로부터 콕 집어 질문을 당한 민준이가 대답을 할 때까지 한참 시간이 흘렀다.

"물건을 사거나 뭔가를 할 때 추가로 내야 하는 돈이요."

"그래, 그런 거지. 뭔가를 살 때 그 뭔가의 자체 가격 말고 별도로 내야 하는 돈을 총칭해서 수수료라고 부른단다. 경우에 따라서는 수수료라는 말을 안 쓰고 다른 말로 부르는 경우도 꽤 있어. 예를 들어, 투자 상품의 경우에는 수수료라는 말 외에도 '보수'라는 말도 많이 쓰지. 어떻게 부르든 간에 그 내용은 똑같아. 추가로 들어가는 돈이야."

서연이는 아빠의 설명이 그렇게 마음에 와 닿지 않았다.

"식당 가서 음식을 사 먹거나, 마트 가서 장 보거나 할 때는 그런 거 없지 않아?"

"맞아, 없지. 하지만 대부분의 금융 상품에는 수수료라는 게 따라 붙는단다. 너희가 좀 전에 본 투자 상품인 주식이나 펀드를 살 때도 마찬가지야."

서연이는 다시 물었다.

"그게 얼마나 되는지 모르겠지만, 그렇게 문제가 돼?"

서연이 아빠는 이번 서연이의 질문도 낯설지 않았다. 강의 시간에 대학생들에게서 맨날 듣던 질문이었다. '왜 이런 걸 어려서부터 학교에서 가르치지 않은 거지?' 하는 생각을 늘 해 오던 터였다.

"퀴즈 하나 내 볼게. 2개의 투자 상품이 있어. 하나는 연 3%의 수익률이 난다고 하고 다른 하나는 연 4%의 수익률이 난다고 할 때, 너희라면 어느 투자 상품을 택하겠니?"

서연이 아빠의 질문에 서연이와 민준이는 약간 어리둥절해 하면서 대답했다.

"당연히 두 번째, 연 4%의 수익률이 나는 쪽을 택해야 하지 않아?"

"저도 그런 것 같은데요."

서연이 아빠는 다음 질문을 이어 갔다.

"지금까지 얘기대로라면 그렇겠지. 그런데 말이다, 만약 첫 번째 투자 상품의 수수료가 연 0.3%고, 두 번째 투자 상품의 수수료가 연 1.5%라면 어떻게 될까?"

잠시 생각해 본 서연이는 주저하면서 말했다.

"그런 경우라면, 두 번째 투자 상품보다는 첫 번째 투자 상품을 골라야 할 것 같아."

서연이 아빠는 부드러운 표정으로 물었다.

"왜지? 아빠하고 민준이한테 설명해 보겠니?"

"첫 번째 투자 상품의 수익률은 연 3%지만 수수료 연 0.3%를 빼고 나면 결국 연 2.7%를 받고, 두 번째 투자 상품은 수익률은 연 4%지만 수수료가 연 1.5%라서 이걸 빼고 나면 연 2.5%를 받게 되기 때문이야. 투자 상품을 샀을 때 최종적으로 받는 돈은 첫 번째 상품이 조금 높으니까."

서연이 아빠는 흡족한 표정을 지었다. 하지만 서연이는 여전히 불만족스러웠다.

"그런데 실제로 이런 정도로 수수료 차이가 나기도 해? 다 비슷한 거 아니야?"

"위에서 얘기한 숫자들은 다 실제 얘기야. 그러니까 꼼꼼히 따져 보지 않으면 완전히 정반대의 잘못된 선택을 할 수도 있단다."

잠깐 숨을 돌린 서연이 아빠는 얘기를 계속했다.

"말하자면, 어떤 종류의 금융 상품이든 수익률을 말할 때는 수수료를 빼고 남은 실제의 투자 수익률을 얘기해야 한다는 거야. 그런데 금융 회사들이 얘기하는 수익률은 대개 수수료를 빼기 전의 표면적인 수익률인 경우가 다반사거든. 자기들이 받아가는 수수료를 빼지 않은 채로 수익률을 얘기한다는 건 사실 일반인들을 속여 넘기는 면이 없지 않아."

"정말?"

서연이는 아빠의 설명이 놀라웠다. 보통 사람들이 금융 상품에 투자할 때 결국 제일 중요한 것은 '얼마의 돈이 나갔다가 최종적으로 얼마의 돈이 돌아오느냐'라는 생각이 들었다. 그런데 금융 회사들이 얘기하는 수익률은 그게 아니라는 거였다. 그렇다면 일반적으로 얘기하는 수익률만을 가지고 투자 상품을 결정하는 건 정말이지 부질없는 일이었다.

가만히 얘기를 듣고 있던 민준이가 질문했다.

"수수료가 많다고 무조건 나쁜 투자 상품이라고 볼 수는 없는 거 아닌가요?"

"좋은 질문이네. 네 말이 맞다, 민준아. 수수료가 크다는 것만 가지고 좋지 않은 투자 상품이라고 할 수는 없지. 서연아, 왜 그런지 이유를 알겠니?"

서연이는 살짝 입을 비죽 내밀며 대답했다.

"그거야 수수료가 다른 투자 상품보다 커도 그 이상으로 수익을 얻을 수 있다면 수수료가 많은 게 문제 될 게 없어서지. 하지만 금융 회사도 수익률은 별로 높지도 않은데 수수료만 많이 받으려 하면 안 될 것 같아."

"그렇지, 바로 그거야. 그러니까 표면적인 수익률만 얘기하는 것도 불완전한 일이고, 수수료만을 놓고 얘기하는 것도 불완전한 일이란다. 둘을 모두 고려하여 얻은 최종적인 수익률만 의미가 있을 뿐이지. 역시 아빠 딸인걸?"

서연이는 아빠를 가볍게 흘겨보았다. 샐쭉거리긴 했지만 서연이도 속으론 기분이 좋았다.

그 와중에 서연이 아빠는 잠깐 생각에 잠겼다. 다음 주에 있을 시 본선대회는 각 구 예선을 통과한 학생들 간의 본격적인 경쟁이 될 터였다. 구 예선 이후 민준이와 서연이는 금융투자 상품의 특성과 수익률, 수수료에 대해 새로 알게 됐다. 하지만 이걸로 충분하다고 보기 어려웠다. 다른 학교 팀들은 굉장히 다양한 전략을 들고나올 게 뻔했다. 서연이와 민준이가 좀 더 좋은 성과를 거두기 위해서는 금융 기법에 대해 좀 더 알 필요가 있었다. 결국 서연이 아빠는 한 가지를 더 얘기해 주기로 결심했다.

"돈이 부족할 땐 뭘 할 수 있을까?"

잠시 망설이던 서연이가 물었다.

"돈이 모자라면 어떻게 해야 하냐는 뜻이야?"

"그래, 돈이 없으면 그땐 어떤 걸 할 수 있겠냐는 질문이야."

"들어오는 돈이 충분하지 않으면 쓸 돈을 줄여야지. 들어오는 돈보다 계속해서 더 쓰면 결국 언젠가는 파산하잖아."

서연이 아빠는 서연이의 대답이 기특했다. 직접 가르쳐 준 적도 없는데 똑똑히 알고 있는 게 신기하기도 했다. 하지만 서연이 아빠가 물어보려던 내용은 아니었다.

"그래, 아주 정확한 말이야. 하지만 아빠가 물으려던 건 그게 아니고, 돈이 부족할 때 보통 사람들이 어떻게 하냐는 거야."

그제야 서연이 아빠의 의도를 눈치챈 서연이와 민준이는 대답했다.

"돈을 빌리는 거예요."

"돈을 꾸지."

서연이 아빠는 맞장구를 쳤다.

"맞아, 돈을 빌리지. 빚을 낸다고 하기도 하고, 대출을 받는다고도 해. 이외에도 여러 표현이 있는데, 의미는 다 같아. 다른 누군가로부터 돈을 빌리거나 꾸는 거야."

민준이는 저번 주의 구 예선대회가 떠올랐다. 선택할 수 있는 금융 상품에 대출이라는 항목이 있었지만 아예 쳐다보지도 않았다. 서연이와 민준이에게 다행스러운 일이었는지도 모른다. 왜냐하면 몇몇 학교는 빚을 갚지 못해 파산하고, 결국 실격 처리됐다는 소문이 좍 돌았기 때문이다.

"이 빚이란 것에 관해 물어볼 게 있다. 잘 생각해 보고 대답해야 해. 내가 빚을 져서 돈을 빌려 왔어. 그러면 돈이 생기잖아. 이 돈이 내 돈이니?"

서연이와 민준이는 곰곰 생각해 봤다. 먼저 대답한 건 서연이였다.

"내가 빌린 돈이 내 돈은 아닌 것 같아. 그런데 자신은 없어, 아빠."

민준이는 의아한 표정으로 말했다.

"그래도 돈을 빌려 오면 돈이 생기잖아요. 갚기 전까지는 어쨌거나 그 돈은 내가 쓸 수 있는 내 돈 아닌가요?"

이제 서연이 아빠가 말할 차례였다.

"둘 다 각각의 관점에서 보면 말이 안 되진 않아. 이게 헷갈리는 이유는 우리가 돈이라는 단어를 엄격하게 구별하지 않고 느슨하게 쓰는 탓도 크단다."

서연이 아빠는 한숨을 내쉬었다. 그리고는 계속 설명을 이어갔다.

"민준이가 얘기한 돈은 현금의 개념이야. 즉 만 원짜리 지폐, 5만 원짜리 지폐 같은 것이지. 5만 원짜리 지폐가 원래 내 돈이든, 아니면 누군가로부터 빌린 돈이든 그걸로 물건을 살 수 있다는 건 틀림 없는 사실이야."

서연이와 민준이는 서연이 아빠의 설명이 이해가 갔다. 알아들었다는 둘의 표정을 확인하곤 서연이 아빠는 계속했다.

"반면, 서연이가 얘기한 돈은 진짜 내 돈, 내 맘대로 처분해도 문제되지 않는 돈, 결국 내 재산을 말하는 거야. 둘 중에 어느 돈의 개념이 더 중요할까?"

서연이는 대답하는 데 시간이 그렇게 오래 걸리지 않았다.

"현금보다는 재산의 개념이 더 중요한 것 같아."

민준이도 서연이 말에 공감한다는 듯 얘기했다.

"돈을 빌리면 현금이 생기지만 빚도 생기잖아요. 빚은 언젠가는 갚아야 하니까 빚으로 인해 생긴 현금을 완전히 내 돈이라고 할 수는 없을 것 같아요."

'그렇지!' 하고 서연이 아빠는 속으로 생각했다. 듣고 싶던 얘기를 서연이와 민준이에게 들어서였다.

"한마디로, 빌린 돈은 내 돈이 아니라는 거야. 빚을 지면 당장은 현금이 생겨서 흥청망청 쓰기 쉬워. 그렇지만 갚아야 할 의무가 어디로 사라지지는 않지. 그래서 가능하면 빚은 아예 지지 않는 게 제일 좋은 방법이란다."

아빠의 설명을 듣던 서연이는 한 가지 물어보고 싶은 게 생겼다.

"아빠, 그러면 빚은 아예 나쁜 거야? 그런데 왜 돈을 빌려주겠다는 광고가 TV에 맨날 나와?"

서연이 아빠는 마침 그 얘기를 하려던 참이었다.

"돈을 빌리는 게 별로 문제 되지 않는 경우도 가끔은 있단다. 예를 들어, 올해 말에 확실히 생길 돈이 있는데, 지금 당장 뭔가에 써야 하는 경우 돈을 빌릴 수도 있겠지. 그런데 생길 돈보다 훨씬 많이 빌리면 결국은 문제가 돼. 당장 쓰고 싶은 충동을 참지 못해서 신용불량자가 돼 버리는 사람을 보면 정말 안타까워."

서연이는 또 다른 의문이 생겼다.

"그럼 돈을 빌려주겠다는 곳들은 왜 빌려주겠다는 거야?"

"돈을 벌기 위해서지. 돈을 빌려줄 때는 그냥 공짜로 빌려주는 게 아니고 이자를 요구해서 받아가거든. 그게 그곳들의 이익이 되는 거야. 이자율이 높은 데는 1년에 원금의 30% 정도를 이자로 내야 해."

"30%나요?"

서연이와 민준이는 둘 다 깜짝 놀랐다. 100만 원을 빌리면 1년에 갚아야 할 이자만 30만 원이라는 얘기였다. 그렇게 이자가 많다면 쉽게 갚지 못할 것 같다는 생각이 들었다. 서연이는 잠깐 계산을 해 보더니, 원금과 이자를 전혀 갚지 못한 채로 3년만 지나면 갚아야 할 돈이 원래의 두 배 이상 늘어나 버린다고 말했다.

서연이 아빠는 또 얘기했다.

"돈을 빌려주겠다는 곳은 정말 다양해. 은행, 저축은행, 대부업체 모두 돈을 빌려주고 벌어들이는 이자로 이익을 내는 곳이야. 신용카드 회사도 그중 하나야. 현금 서비스라든지, 할부로 물건을 살 수 있게 한다든지, 제때 카드값을 갚지 않으면 연체 이자를 물리는 것 또한 돈 빌려 가게 하고 이자를 받아서 돈을 버는 거지."

민준이는 서연이 아빠의 신용카드 얘기가 새삼스러웠다. 신용카드는 현금 없이도 편하게 물건을 살 수 있는 거라고만 생각했다. 그런데 얘기를 듣고 보니 카드를 쓴다는 건 결국 신용카드 회사에 빚을

지는 거나 다름없다는 생각이 들었다. 빚을 졌으니 갚아야 하고, 제때 갚지 못하면 굉장히 높은 연체 이자를 물어야 한다. 그마저도 못 갚으면 신용불량자가 되어 버리니, 금융이란 무서운 거란 생각도 들었다.

"빚 얘기를 꺼낸 김에 마지막으로 빚과 투자 상품의 관계를 얘기해 줄게. 괜찮지?"

서연이 아빠는 서연이와 민준이가 흥미를 잃었을까 봐 조심스레 얘기했다. 실제로 서연이와 민준이는 약간 지친 기색이었다. 하지만 서연이 아빠가 얘기하자 좋다며 씩씩하게 대답했다.

"투자 상품을 사려면 돈이 필요하잖아. 그런데 가진 돈이 없어도 빚을 져서 그 돈으로 투자 상품을 살 수 있어. 누가 이렇게 생각한다고 가정해 보자. 돈을 빌리면 이자를 갚아야 하는데, 가령 연 6%의 이자를 내야 해. 한편, 어떤 투자 상품을 사면 수익이 연 10% 난다고 보는 거야. 실제로 이렇게 생각하는 경우가 많아. 이런 경우, 어떨 것 같아? 괜찮을까?"

민준이가 머뭇대며 대답했다.

"저, 그러면 괜찮지 않나요? 이자가 연 6%지만 수익이 연 10% 생기면, 이자를 내고도 연 4%씩 이익이 나니까요."

"그래? 그러면 이걸 얼마 정도 하면 좋을까? 천만 원? 1억 원? 아니면 10억 원?"

"연 4%씩 이익이 생기니까 금액이 크면 클수록 좋을 것 같은데요."

서연이는 민준이 얘기를 듣고 코끝을 찡그렸다.

"그런데 이게 투자 상품이니까 연 10%라는 수익을 얻는다는 보장은 없는 거 아니야?"

민준이는 서연이의 물음에 자신 없는 목소리로 대답했다.

"그거야 그렇지만, 아저씨가 말씀하시길 연 10% 수익이 난다고 해서."

둘의 얘기를 듣고 있던 서연이 아빠가 말했다.

"민준아, 아까 내가 말한 거는 '수익이 난다고 생각한다'는 거였지, '수익이 난다'는 아니었는데. 둘의 차이를 알아보겠니?"

뭔가를 깨달은 서연이는 민준이의 대답을 기다리지 않고 얘기에 뛰어들었다.

"알겠어, 아빠. 빌린 돈으로 투자 상품을 사는 사람들은 갚아야 할 이자 이상의 수익이 날 걸로 믿고 그런 투자 상품을 사는 거야. 하지만 아까 본 것처럼 실제로 투자 상품의 수익률은 제멋대로라 운이 좋은 일부 경우를 빼면 결국 손해를 보게 돼."

민준이도 서연이의 설명을 알아들었다. 투자 상품에서 예상하지 않았던 손실을 보는 건 너무나 흔한 일이지만, 빌린 돈이 줄어들 리는 없었다. 전 재산이 1억 원인 사람이 2억 원의 빚을 져서 연 4%인 800만 원을 벌자고 들었다가, 주식 가격이 반으로 쪼그라들면 전 재산을 처분해도 빚을 갚을 방법이 없는 것이다.

투자 상품도 빚도 위험하다. 그런데 둘이 만나면 정말로 무시무시해진다. 서연이와 민준이는 그런 생각에 온몸을 으슬으슬 떨었다.

기대가
크면
실망도
큰 법이야

금요일이 돌아왔다. 시 본선대회 하루 전이었다. 손병석 선생님은 민준이와 서연이에게 방과 후 찾아오라고 불렀다.

서연이는 사실 손병석 선생님이 언제 부르나 계속 기다리던 중이었다. 예성중학교 팀의 코치를 자처하고 나선 손 선생님은 처음 만난 날 금융에 세 가지 비밀이 있다고 했다. 첫 번째 비밀은 돈은 물과 같다는 것이었고, 두 번째 비밀은 내가 내린 결정으로 인한 결과는 전적으로 내 책임이라는 거였다. 어찌 보면 예선을 통과한 건 그 두 가지 비밀 덕분이었다.

수업이 모두 끝난 후 민준이와 서연이는 손 선생님을 찾아갔다. 손 선생님은 예의 그 느릿느릿한 말투로 둘을 맞았다.

"어서 와라. 너희 둘이 구 예선에서 잘해냈다는 얘기는 들었다."

"고맙습니다, 선생님."

"감사합니다."

둘의 인사를 받은 손 선생님은 물었다.

"이제 시 본선대회에 나가지? 언제야? 내일인가?"

"네, 100개가 넘는 학교가 이번 본선에서 경쟁한대요."

"어떤 성적을 거두겠다는 목표 같은 게 있니?"

민준이는 그런 건 생각해 보지 못했다. 민준이한테 이 모든 건 놀라운 경험일 따름이었다. 꼭 몇 등을 하겠다는 생각보다는 기왕 하게 된 거 최대한 잘해야겠다는 생각뿐이었다.

"몇 등 안에 들겠다, 이런 건 없고요. 스스로 생각하기에 돈 관리를 잘했다고 느끼고 싶어요."

서연이는 마치 민준이 마음속을 들여다본 것처럼 말했다. 민준이는 놀라 서연이를 쳐다봤다.

"그래, 좋은 마음가짐이구나. 사실 내가 처음에 너희를 불렀을 때, 내가 얘기해 주는 걸 너희들이 소화해 낼 수 있을지 확신은 없었어. 얘기를 해 줘도 못 알아듣는 것 같으면 단순한 거나 한두 가지 가르쳐 주고 그만둘 생각도 있었지. 그런데 얘기를 하다 보니 너희 둘 다 괜찮은 학생인 것 같아서 여기까지 오게 된 거다."

선생님의 갑작스러운 칭찬에 민준이는 몸 둘 바를 몰랐다. 민준이는 선생님으로부터 칭찬을 받아 본 적이 없다고 해도 과언이 아니었다. 똑같은 일을 해도 선생님의 칭찬은 늘 성적이 좋은 애들 아니면 부잣집 애들에게만 돌아갔다. 자연스럽게 민준이는 학교 공부에 별로 흥미를 느끼지 못하게 되었다. 스스로 호기심을 갖지 않는 공부가 저절로 잘될 리 없었다.

"오늘 내가 너희 둘을 부른 건, 이제 마지막으로 금융의 세 번째 비밀을 얘기해 주기 위해서다."

민준이와 서연이는 잔뜩 기대하며 손 선생님의 다음 말을 기다렸다. 특히 서연이는 가슴이 두근거렸다.

"금융의 세 번째 비밀은, 수익률에 대한 기대가 클수록 위험도 따라서 커진다는 거다."

민준이에게 손 선생님의 세 가지 비밀은 언제나 무슨 수수께끼처럼 들렸다. 어려운 말이 있거나 길지는 않지만, 처음에 딱 듣고 '아, 그렇구나!' 하고 이해가 되지 않았다.

서연이도 이번에는 손 선생님의 얘기가 어렵게 들렸던 모양이다.

"선생님, 좀 더 그 의미를 설명해 주시면 안 돼요?"

민준이는 뭔가 기뻤다. 오늘따라 서연이의 생각과 자기 생각이 딱딱 맞아떨어진다는 생각이 들었다. 지훈이를 보기 전에는 이런 생각을 하지 않았다. 그런데 예선 때 서연이와 지훈이가 같이 있는 것을 본 이후론 달라졌다. 자신도 모르게 라이벌 의식 같은 걸 느끼는 걸지도 몰랐다.

"좋아. 그럼 다음과 같은 예를 생각해 보자."

언제나처럼 손 선생님은 민준이, 서연이와 문답을 시작했다.

"두 종류의 투자 상품이 있어. 주식이나 펀드 같은 것을 생각하면 돼. 첫 번째 상품은 연 10%의 수익률을 얻을 수 있다고 광고하고 있고, 두 번째 상품은 연 5%의 수익률을 얻을 수 있다고 광고한다. 먼저, 그 광고대로 수익이 발생할 가능성이 얼마나 될까?"

민준이와 서연이는 잠시 생각해 봤다. 하지만 오래 생각할 것도 없었다. 이럴 때 어떤 일이 벌어지는지는 민준이가 짠 시뮬레이션 프로그램으로 볼 만큼 봤다.

"별로 없죠."

민준이가 대답하자 손 선생님은 그다음 질문을 내놨다.

"좋아. 그러면 어느 상품이 좀 더 위험할 것 같으냐?"

서연이와 민준이는 어느 쪽이 더 위험할까 고민했다. 조금 고민해 보니, 먼저 투자 상품이 위험하다는 게 무슨 뜻인지를 생각하지 않을 수 없었다. 투자 상품에서 위험이라 함은 무엇보다도 원금이 손실을 보는 일이라는 생각이 들었다. 누구라도 돈을 잃는 것은 원하지 않는다. 돈이 없어지는 게 싫어서 안전한 은행에 예금으로 갔다 맡기는 거 아닐까?

여기까지 생각이 미치자 어느 상품이 더 위험한지 분명히 보였다. 더 적은 수익을 약속한 쪽보다는 더 큰 수익을 약속한 쪽이 위험할 수밖에 없다.

"연 10%를 얻을 수 있다고 얘기하는 상품이 더 위험할 것 같아요."

민준이가 대답하자 서연이도 화답하듯 말했다.

"저도 그렇게 생각해요. 더 큰 수익이 날 것처럼 얘기한 투자 상품 쪽이 약속을 못 지킬 가능성이 더 클 것 같아서요."

"맞다."

아이들의 대답이 손 선생님을 기쁘게 한 모양이었다. 선생님은 환하게 웃었다.

"너희가 이미 정답을 얘기했지만, 좀 더 설명해 주마. 증권 회사가 판매하는 투자 상품 중에 채권이라는 게 있다. 쉽게 말해 회사가 돈을 빌린 거지. 증권 회사는 채권의 형태로 자신이 필요한 돈을 빌리곤 하지. 그러면 증권 회사가 돈을 빌린 채권의 이자율과 은행 예금의 이자율 중 어느 것이 높을까?"

"왠지 증권 회사의 채권 쪽이 더 높을 것 같아요."

서연이가 대답하자 손 선생님은 물었다.

"왜 그럴까?"

"은행에 맡긴 돈이 없어진다고 생각하긴 무척 어렵지만, 증권 회사는 아무래도 은행보다 더 위험할 것 같아서요."

서연이 대신 민준이가 대답했다.

"바로 그거다. 은행도 이론적으로 망할 수는 있지만 실제로 그럴 가능성은 매우 낮아. 그에 비해서 증권 회사는 망할 가능성이 있다. 그래서 더 많은 이자를 주겠다고 약속할 수밖에 없는 거지."

손 선생님의 목소리는 어느새 또 변해 있었다. 예전에 들은 적 있는 활기찬 목소리였다.

"금융에서의 위험을 가리켜 '리스크'라고 부르기도 한다. 너희가 나중에 대학에 가서 이것에 대해 배우게 되면, 지금 내가 얘기하는 것보다 훨씬 더 수학적인 내용을 배울 거야. 그런데, 미리 얘기해 두지만 그 내용에 너무 의미를 부여하지는 마라. 문제가 적지 않으니까."

민준이는 속으로 놀랍다고 생각했다. 금융에 관해 손 선생님의 얘기를 듣고 있다 보면 이 선생님이 역사를 가르치는 분인지, 경제나 사회를 가르치는 분인지 분간이 가질 않았다.

"어떻게 그런 내용을 다 아세요, 선생님?"

서연이 얘기에 민준이는 정말로 깜짝 놀랐다. 마치 서연이가 민준이 마음을 들여다보고 있는 것 같았다. 아니면 민준이와 서연이가 한마음 한몸인 것처럼 느끼게 된 것일지도 몰랐다. 민준이는 얼굴이 화끈거렸다.

"왜? 역사 선생님이 이런 걸 어떻게 다 아나 싶으냐?"

민준이와 서연이는 대답하지 않고 그저 손 선생님을 올려다봤다.

"내가 옛날 석사 과정 때 썼던 논문이 〈금융 버블의 역사〉란다. 금융 버블이 뭔지 아니?"

"버블이면 거품이나 비눗방울이란 뜻인데, 금융이 빵 터진다는 건가요?"

서연이의 대답에 손 선생님은 한참을 웃었다. 서연이와 민준이도 기분 좋게 따라 웃었다.

"그런 표현을 생각해 본 적은 없지만, 듣고 보니 그 느낌이 아주 생생하게 와 닿는구나. 금융 버블은 주식 같은 금융 상품의 가격이 특별한 이유 없이 미친 듯이 올라가 버린 상태를 말한다. 그러다 서연이가 말한 대로 갑자기 펑 터져 버리지. 가격이 하늘 높은 줄 모르고 올라가다가 갑자기 바닥으로 떨어지는 거야. 거기에 잘못 휘말렸다가는 전 재산을 다 잃고 길거리에 나 앉기 십상이다. 특히, 빚을 내서 뛰어들었다가는 더더욱 그렇지. 금융의 역사라는 건 말이다, 이 금융 버블의 역사이기도 하단다."

금융 버블의 역사를 얘기할 때 손 선생님의 얼굴은 슬퍼 보였다.

"선생님, 그럼 결국 금융의 리스크란 손해를 볼 수 있는 가능성이라고 하면 될까요?"

민준이의 질문에 손 선생님은 다시 정신을 차린 듯 기운을 내 대답했다.

"그렇게 보면 된단다. 주식이나 펀드같이 가격이 오락가락하는 것들은 가격이 내려감에 따라 그대로 손해를 볼 수 있기에 리스크가 크지. 또 누군가에게 돈을 빌려준 거나 다름없는 채권 같은 것은 빌려 간 쪽에서 돈을 갚지 않을 수 있기에 리스크가 있다. 너희들, 친구한테 돈 빌려줬다가 못 받은 적 있니?"

민준이는 작년의 일이 떠올랐다. 1학년 때 같은 반이었던 친구가 급하다며 약간의 돈을 빌려 달라고 했다. 마침 용돈에 약간 여유가 있었던 민준이는 흔쾌히 빌려줬다. 그런데 시간이 가도 그 친구는 갚을 줄을 몰랐다. 나중에는 뻔뻔스럽게 뭐 그런 걸 가지고 그러냐며 신경질을 내기까지 했다. 결국 갚지 않은 채로 작년 말쯤에 다른 동네로 전학을 가 버렸다. 돈을 빌려 간 쪽에서 막상 갚지 않겠다고 들면 달리 어떻게 해 볼 방법이 없다는 걸 몸서리치게 겪었다.

"저, 있어요."

"민준이는 마음고생 좀 해 봤겠구나. 그런데 말이다, 돈의 리스크에는 앞에서 얘기한 두 가지, 즉 투자 상품의 가격이 내려가서 손해 보거나 빌려준 돈을 받지 못하게 돼서 손해 보는 것 외에 다른 것들도 있어."

선생님의 얘기에 이번에는 서연이가 물었다.

"어떤 건데요?"

"한 가지는 '인플레이션'이라는 거다. 금융을 하는 사람들이 이것에 대한 우리말 단어를 만들었으면 좋았을 텐데, 영어를 그대로 쓰고 있어서 좀 안타깝다."

서연이와 민준이는 얼핏 그런 말이 있다는 건 알고 있었다. 하지만 정확한 의미는 잘 몰랐다.

"인플레이션이란 물건의 가격이 전반적으로 다 오르는 걸 말한다. 그러면 현금을 가진 사람들은 어떻게 될까?"

민준이와 서연이가 대답하지 않고 주저하자 손 선생님은 다시 질문했다.

"다음과 같이 가정해 보자. 너희한테 만 원이라는 현금이 있다. 그리고 너희 둘 다 떡볶이를 좋아하고, 떡볶이 1인분은 원래 2,500원이라고 하자. 그러면 각각 2인분씩 사 먹을 수 있겠지?"

"네."

"그런데 떡볶이 가격이 5,000원으로 올라가 버렸다고 하자. 물건의 가격이 올라간 거지. 그러면 이제 몇 인분씩 먹을 수 있겠니?"

"1인분씩이요."

민준이의 대답을 듣고 있던 서연이는 눈을 빛내며 말했다.

"그러니까, 물가가 올라가면 똑같은 돈을 갖고도 예전보다 더 적은 물건밖에 못 사게 되는 거네요."

민준이는 갑자기 돈의 첫 번째 비밀이 떠올랐다. 돈은 페트병에 든 물과 같다고 했다. 그렇담 돈으로 물건을 산다는 건 페트병에 든 물로 조그마한 잔을 채우는 것과 같다는 생각이 들었다. 그런데 페트병에 든 물은 변한 게 없는데, 갑자기 잔의 크기가 커져 버리면 채울 수 있는 잔의 수는 줄어들 수밖에 없다. 물가가 오른다는 건 잔의 크기가 커진 것과 같은 게 아닐까? 이런 데까지 생각이 미치자 민준이는 전율을 느꼈다.

"돈의 리스크에 대해서 마지막으로 한 가지만 더 얘기해 주마."

손 선생님은 의자 깊숙이 앉아 있던 몸을 일으키며 말했다. 서연이와 민준이도 자세를 고쳐 앉았다.

"이 리스크에 대해 '리디노미네이션'이라는 용어를 많이 쓴다만, 이것도 멀쩡한 우리말을 얼마든지 만들 수 있다. '돈 단위 조정'이라고 하면 될 듯싶다. 예를 들면 쉽게 이해가 될 거다. 1,000원이던 걸 하루아침에 1원으로 바꾸는 거야. 2,000원은 2원, 5,000원은 5원, 이런 식으로 말이다."

민준이는 열심히 선생님의 설명을 이해하려고 애썼다. 그런데 0을 3개 떼서 1,000원을 1원으로 만드는 건 이해가 되는데, 왜 그게 리스크가 되는지 알 수 없었다. 돈도 0을 3개 떼고, 물건값도 0을 3개 동시에 떼면 문제 될 게 없지 않나 싶었다.

"선생님, 그런데 왜 그게 리스크지요?"

서연이가 묻자 손 선생님은 말했다.

"제대로 하면 되지만, 돈 단위 조정을 할 때 이상한 방식으로 하는 경우가 적지 않아서지. 예를 들어 우리나라가 일본과 을사조약을 맺었던 1905년, 1환당 1원이었는데 이것을 2원으로 바꿔 버렸다. 기존의 원(元)이나 량, 전을 갖고 있던 사람들은 하루아침에 반 토막이 난 거지. 반대로 환을 갖고 있거나 환으로 돈을 받을 예정이던 사람들은 순식간에 재산이 두 배가 된 거야. 그 당시에 누가 환을 갖고 있었을지는 말 안 해도 알겠지?"

역시 손 선생님은 누가 뭐래도 박학다식한 역사 선생님이었다. 특히 서연이는 이 얘기가 신기했다. 환과 원, 량 등의 옛날 돈 단위에 대해 아빠한테 들은 게 그대로 나와서였다.

"원이나 환 같은 돈 단위는 아빠한테 들은 적 있어요."

서연이의 얘기가 이번에는 손 선생님에게 흥미롭게 들렸다.

"그러니? 서연이 아빠가 역사에 관심이 많으신 모양이로구나."

교무실을 나온 민준이와 서연이는 운동장을 나란히 걸었다. 민준이는 두근두근한 마음을 겨우 누르고 있었다. 서연이에게 이걸 물어야 할지 혹은 물어도 될지 며칠 동안 고민해 왔다.

민준이가 결심을 한 데는 오늘 둘의 마음이 마치 연결되어 있는 것 같은 느낌이 들었던 게 컸다. 민준이는 대수롭지 않다는 듯 말을 붙였다.

"서연아, 저번에 구 예선할 때 너랑 인사했던 애 누구야?"

서연이는 민준이 마음을 눈치 못 챈 듯 무심하게 대답했다.

"누구? 아, 세환중학교 애? 걔는 이지훈이라고 나하고 초등학교 동창이야. 왜?"

물론 민준이는 그 아이가 누군지 이미 알고 있었다. 민준이가 알고 싶은 건 서연이가 지훈이를 어떻게 생각하고 있는지였다.

"아, 그렇구나. 엄청 똑똑하고 잘생겼던데. 공부도 되게 잘할 것 같고."

"응, 공부 잘해. 착한 애야."

서연이가 지훈이를 칭찬하자 민준이는 알 수 없는 질투심에 애가 탔다. 티를 내지 않으려 애쓰며 다시 물었다.

"그렇구나. 너희 둘이 되게 친해 보이던데, 특별히 친한 친구야?"

서연이는 빙긋 웃음을 지을 뿐 확인도 부정도 하지 않았다. 민준이 마음은 무너지는 듯했다. 둘 사이가 별 관계 아니라는 말을 듣고 싶었는데 그러질 못해서였다. 서연이에 대한 감정이 컸던 만큼 실망도 클 수밖에 없었다.

민준이는 서연이와 나란히 걸으면서 자신과 서연이 사이의 리스크는 무엇일까 하는 생각에 골똘히 잠겼다.

STORY
10

사랑과 투자는
오래 참고
모든 것을 견디
는 것

민준이와 나란히 걷고 있는 서연이의 스마트폰이 또로롱 하고 소리를 냈다. 서연이는 카톡을 확인했다.

신수빈 : 서연아, 내일이 경시대회 본선이지? 준비 잘하고 있어?? ♥♥

한서연 : 응, 언니~ 이제 막 학교 코치 선생님한테 배우고 집으로 가는
중이야~~

신수빈 : 그렇구나ㅎㅎ 언니가 너한테 얘기해 주려고 지난 일주일 동안 생각해
놓은 내용이 있는데 보내 줄 테니까 한번 봐봐

한서연 : 고마워!! 언니, 사랑해*^^*

서연이가 한참을 스마트폰을 보고 있자 민준이도 제자리에 서서 기다리고 있었다. 얼마 후 서연이는 민준이에게 수빈이 언니가 보낸 문자를 보여 줬다.

1. 수익률에는 평균 수익률이 있고 누적 수익률이 있어. 이 둘은 비슷해 보이지만 사실 달라.

2. 금융의 수익률은 장기간에 걸친 누적 수익률이 가장 중요해.

3. 투자 기간이 충분히 길면, 손실이 날 가능성이 있더라도 평균 수익률이 높은 쪽이 손실 가능성은 없으면서 낮은 수익률을 얻을 수 있는 경우보다 결과적으로 더 낫다는 식으로 얘기하는 사람들이 많은데 꼭 그렇지는 않아.

4. 똑같은 평균 수익률이라고 하더라도, 꾸준히 이익을 보는 대신 한 번 크게 손실을 입는 쪽이 꾸준히 손실을 보더라도 한 번 크게 이익을 얻는 쪽보다 더 못해.

수빈이 언니는 바빴는지 이 네 가지 내용만 보내 주고 더 이상의 자세한 설명은 보내지 않았다. 그리고는 직접 서연이더러 이 내용을 숫자로 확인해 보라고만 얘기했다.

"민준아, 어떻게 하지?"

서연이가 민준이에게 묻자 민준이는 버거워했다. 민준이는 평균 수익률이나 누적 수익률이라는 단어만으로도 머리가 핑핑 돌 지경이었다.

서연이는 수빈이 언니의 수수께끼 같은 문자를 해결하는 데 민준이에게 기댈 수는 없다고 생각했다. 아무래도 숫자에 관한 건 서연이가 누구보다도 잘할 수 있는 일이었다. 서연이는 민준이에게 말했다.

"이 문제는 오늘 각자 집에서 생각해 보고 내일 아침 대회 전에 그 내용을 다시 나누기로 해."

민준이는 서연이의 제안에 좋다고 대답했다.

집에 돌아온 서연이는 자기 방 책상에 앉아서 종이와 연필을 꺼내들고는 컴퓨터를 켰다. 수빈이 언니의 수수께끼를 하나씩 따라가 볼 생각이었다.

제일 먼저 생각해 봐야 할 것은 평균 수익률과 누적 수익률을 구별하는 것이었다. 몇 권의 수학책을 보고 인터넷 검색을 한 후, 서연이는 그 둘을 어떻게 구하는지 알게 되었다.

수익률을 구하는 가장 일반적인 방법은 투자 상품의 가격 변동 금액을 원래의 가격으로 나누는 거였다. 원래의 가격이 100이었다가 얼마의 시간이 지난 후 가격이 110이 되면, 그 기간 동안의 수익률은 (110–100)÷100을 계산한 결과인 0.1 혹은 10%였다.

평균 수익률은 일정한 기간 동안 수익을 여러 번 얻었을 때, 그것을 산술 평균하여 얻게 되는 수익률이었다. 예를 들면, 앞에서 투자 상품의 가격이 100에서 110이 될 때까지 1년의 시간이 지났고, 110이 된 시점부터 다시 1년 후에 가격을 보니 132가 되었다고 가정해 봤다. 그러면 연간 수익률은 첫해에는 10%, 둘째 해에는 (132–110)÷110이 되어 0.2 혹은 20%로 계산되었다. 따라서 평균 연 수익률은 (0.1+0.2)÷2가 되어 0.15 혹은 15%였다.

마지막으로 누적 수익률은 전체 기간에 걸친 수익률을 의미했다. 앞의 예에서라면 (132–100)÷100으로 0.32 혹은 32%였다. 이 32%

라는 누적 수익률은 첫해에 발생한 10%의 수익과 둘째 해에 발생한 20%의 수익이 누적된 결과였다. 달리 말하자면, 원래 100이었던 투자 상품의 가격에 1+0.1을 곱하고 다시 거기에 1+0.2를 곱한 결과와 같았다. 서연이는 100×1.1×1.2를 하면 2년 뒤의 가격인 132가 나온다는 것을 쉽게 확인할 수 있었다.

여기까지 내용을 확인하고 나자 서연이는 오히려 곤혹스러워졌다. 평균 수익률과 누적 수익률을 구하는 계산이 어려워서는 아니었다. 계산해야 하는 연간 수익률의 개수가 많아지면 물론 계산에 시간이 더 걸리긴 하겠지만, 그건 엑셀 같은 프로그램을 쓰면 전혀 문제가 아니었다. 그보다는 수빈이 언니의 첫 번째 수수께끼, 즉 평균 수익률과 누적 수익률은 비슷해 보이지만 서로 다르다는 말을 어떻게 받아들여야 할지 모르겠기 때문이었다.

앞의 예에서 평균 수익률은 연간 수익률이고 누적 수익률은 2년 동안의 수익률이므로, 직접적인 비교의 대상이 될 수는 없었다. 서연이는 마음속으로 생각해 보았다.

'비슷하다는 의미는 평균 수익률로 2년간 누적시킨 결과가 실제의 정확한 누적 수익률과 비슷하다는 의미였을까?'

비교를 위해 서연이는 평균 연 수익률인 15%로 2년간 누적시켜 보았다. 1.15×1.15를 한 결과는 1.3225였다. 다시 말해, 평균 수익률대로 매년 수익이 발생했다면 얻었을 가상의 누적 수익률은 32.25%였다.

'32.25%라면 실제 누적 수익률 32%와 매우 비슷하네. 하지만 정확히 꼭 같은 값은 아니야. '비슷하긴 하지만 분명히 다르다'는 걸 수빈

이 언니는 지적하고 싶었던 걸까?'

서연이는 알 듯 말 듯 했다. 언니가 말하고자 했던 게 그게 전부는 아닐 것 같다는 직감이 들었다. 언니의 다른 수수께끼를 보면 볼수록 이 네 가지는 서로 다 연결되어 있다는 생각을 지울 수가 없었다.

그래서 서연이는 두 번째와 세 번째 수수께끼를 집중해서 읽고 또 읽었다. 계속해서 읽다 보니 '평균 수익률이 높은 투자 상품의 누적 수익률이 이자율이 낮은 은행 예금의 누적 수익률보다 낮을 수 있다' 는 뜻일지도 모른다는 생각이 갑자기 떠올랐다.

'에이, 설마?'

서연이는 스스로 떠올린 그 생각이 믿기지 않았다. 평균 수익률이 높으면 당연히 누적 수익률도 높아야 할 것 같았다. 이것은 단지 서연이 혼자만의 생각이 아니었다. 손실을 입을 때도 있지만 평균 수익률이 상대적으로 높다면 결국은 예금보다 더 좋다는 얘기를 어디선가 들은 적이 있었다. 투자 기간이 길어지면 길어질수록 더욱 확실히 그렇게 된다는 얘기도 들은 기억이 있었다. 서연이는 구체적인 숫자로 이것을 한번 검증해 봐야겠다고 생각했다.

'음, 우선 연간 수익률로 해서 10년 정도의 전체 투자 기간을 보는 거야. 그런데 10년쯤 지나면 한 해 정도는 금융위기다 뭐다 해서 크게 손실을 보는 경우가 많잖아. 그러니까 열 번 중 한 번은 적지 않은 손실을 입는다고 해 봐야지.'

서연이는 우선 예금에 가입했을 때의 누적 수익률을 계산해 보았다. 원금 100만 원이 있을 때 10년 후에 얼마로 불어나는지를 알아보려는 거였다. 매년 같은 연 2%의 이자율을 가정했을 때, 100만 원의 원금은 계산해 보니 10년 후 121.9만 원으로 불어났다. 100만 원에다가 1.02를 열 번 곱하여 얻은 결과였다. 서연이는 속으로 생각했다.

'그렇게 많이 늘어나지는 않는구나.'

이번에는 투자 상품의 수익률을 가정할 차례였다. 서연이는 잠시 궁리한 끝에 연 3%의 평균 수익률을 갖는다고 정했다. 좀 전에 구해 본 예금보다 연 1%씩 높은 평균 수익률이었다. 단지 연 0.1%만 더 줘도 은행 예금을 옮긴다는 사실을 생각하면 충분히 큰 차이를 준 거였다.

이제 평균 수익률은 정했으니까 10년에 한 번 손실이 날 때 얼마나 손실이 날지만 정하면 됐다. 서연이는 50%가 손실 나는 경우를 보려고 했다. 주식이나 펀드 같은 건 잘못되면 충분히 그 정도 혹은 그 이상 손실이 나기도 한다는 것을 알고 있었다. 대신 나머지 9년 동안은 매년 연 8.89%의 수익을 얻는다고 가정했다. 이처럼 아홉 번 8.89%의 연 수익률을 거두고 한 번 50%의 연 손실을 입으면, 평균 수익률은 틀림없이 연 3%였다.

'뭐야, 이거?'

서연이는 자기가 계산해 놓고도 결과가 믿기지 않았다. 평균 연 3%라는 수익률을 가정했을 때 100만 원의 원금은 10년 후 고작 107.61만 원에 그쳤다. 혹시 계산이 틀렸나 싶어서 여러 번 다시 계산해 봤지만 결과는 같았다.

'10년이라는 기간이 충분히 길지 않아서 그럴지도 몰라. 한 50년

정도 되는 긴 시간으로 다시 계산해 봐야겠어.'

하지만 서연이는 다음 표를 보면서 입을 다물 수가 없었다. 50년의 경우는 더욱 차이가 벌어졌다. 연 2% 이자의 예금은 약 269만 원이 된 반면, 평균 연 3%의 투자 상품은 고작 144만 원에 그쳤다.

누적 기간	평균 연 3% 투자 상품	평균 연 2% 예금
10년	107.61만 원	121.90만 원
50년	144.31만 원	269.16만 원

놀란 서연이는 숫자에 대한 가정을 바꿔 봤다. 투자 상품의 평균 연 수익률을 3%에서 4%로 올렸다. 예금의 이자율보다 무려 두 배나 높은 거였다. 그렇게 하기 위해 9년간의 수익률 연 8.89%는 연 10%가 되어야 했다. 하지만 다음 표처럼 10년 후, 그리고 50년 후 예금보다 못하다는 결론은 바뀌지 않았다.

누적 기간	평균 연 4% 투자 상품	평균 연 2% 예금
10년	117.90만 원	121.90만 원
50년	227.78만 원	269.16만 원

'에잇, 정말 마지막으로 한 번만 더 해 보는데, 이번에는 진짜 극단적인 값을 주고야 말겠어!'

서연이의 마지막 선택은 예금 이자율의 세 배인 평균 연 수익률 6%를 가정하는 거였다. 이제 9년간의 수익률을 연 15%로 올렸다. 대신 평균 수익률을 6%로 맞추기 위해 손실이 날 때의 손실률을 연

75%로 바꿨다. 그러고는 다음의 표를 얻었다.

누적 기간	평균 연 6% 투자 상품	평균 연 2% 예금
10년	87.95만 원	121.90만 원
50년	52.61만 원	269.16만 원

이쯤에서 서연이는 두 손을 들어 버렸다. 평균 수익률이 예금 이자율의 세 배가 되어도 결론은 마찬가지였다. 아니, 더 나쁜 결과가 발생했다. 평균 연 6%의 수익률임에도 불구하고 10년이 지나면 오히려 돈이 10% 이상 줄어들었다. 50년이 지나면 거의 원금의 반 정도만 남아 있게 됐다.

'수빈이 언니의 세 번째 수수께끼가 바로 이 얘기였구나.'

이제 네 번째 수수께끼를 확인해 볼 차례였다. 서연이는 연 3%의 평균 수익률을 갖는 경우를 비교해 보기로 했다. 10년 중 단 한 해 수익이 날 때는 50%의 수익률을 거두는 대신 나머지 9년 동안은 연 2.22%의 손실을 계속 입는 경우였다.

누적 기간	9년간 연 8.89%	9년간 연 −2.22%
10년	107.61만 원	122.56만 원
50년	144.31만 원	276.51만 원

이 표처럼 똑같은 연 3%의 평균 수익률이라고 하더라도, 9년간 잃다가 한 번 큰 이익을 보는 쪽이 9년 내내 벌다가 한 번 큰 손해를 보는 쪽보다 훨씬 나았다. 수빈이 언니의 네 번째 수수께끼 그대로였다.

서연이는 수빈이 언니가 얘기하지 않은 한 가지 사실을 더 확인하고 싶었다. 예금처럼 꾸준히 손실 없이 이자를 쌓아가는 경우와 방금 전처럼 10년에 한 번씩 큰 이익을 보는 경우, 둘 중 어느 게 더 나은지 알고 싶었다. 평균 수익률을 연 2%의 예금 이자율에 일치시키기 위해 9년 동안의 손실률을 연 3.33%로 바꾸고 난 후 다음과 같은 표를 얻었다.

누적 기간	평균 연 2% 투자 상품	평균 연 2% 예금
10년	110.59만 원	121.90만 원
50년	165.42만 원	269.16만 원

결과는 이번에도 예금 쪽의 승리였다. 서연이는 이 결과를 보며 한참을 그대로 앉아 있었다.

다음 날 아침, 총 108개 학교의 팀들이 시 본선대회에서 실력을 겨뤘다. 지난번 구 예선과 비슷하게 대회 규칙은 그날 아침에서야 학생들에게 직접 배포됐다. 구 예선을 통해 일차로 걸러낸 팀들 간의 경쟁이라 그런지 조건이 더 까다로워졌다. 25회에 걸쳐 결정하던 것이 50회로 두 배 늘어났고, 각 회에 쓸 수 있는 시간이 3분 30초에서 2분 30초로 줄었다. 매회 결과를 확인하는 데 걸리는 시간 30초는 여전했다. 따라서 전체 대회 소요시간은 150분, 즉 2시간 30분으로 예선보다 50분 길어졌다.

서연이는 대회 시작 전에 민준이에게 자신이 확인한 내용을 간략

하게 얘기했다. 민준이는 서연이만큼 분명하게 이해가 되지는 않았지만 어쨌거나 서연이 말을 믿기로 했다.

서연이와 민준이는 본선대회를 예선과 크게 다르지 않은 방식으로 운영해 나갔다. 기본적으로 들어오는 돈과 나갈 돈의 균형을 최우선적으로 고려했다. 처음에 주어진 1만 환의 돈과 이후 조금씩 쌓인 돈은 손실 가능성이 없는 예금을 중심으로 굴렸다. 빚을 지는 건 생각하지도 않았다.

다만, 이번에는 투자 상품을 아예 배제하지 않았다. 혹시 손실을 입는다고 해도 크게 문제가 되지 않을 정도의 돈을 들여 가끔 투자 상품을 샀다. 사는 결정을 내리기 전에는 지금 사려고 하는 게 어떤 특징을 가진 투자 상품인지 꼼꼼하게 검토했다. 검토가 끝나지 않으면 아무리 좋아 보여도 결정을 다음 회로 미뤘다. 그렇게 미룬 덕에 크게 손실을 입을 위험을 몇 차례 피해 갔다.

구 예선 때도 그랬지만 본선 초반에 예성중학교 팀의 성적은 초라했다. 온갖 화려한 기교를 구사하는 다른 학교 팀들의 성적에 비해 밀리고 있었다. 그러면 마음이 조급해지기 십상이었다. 하지만 서연이와 민준이는 멀리 내다보려 했다. 수많은 시뮬레이션을 통해 확인했듯이 무모한 리스크를 지다간 결국 주저앉게 된다는 사실을 기억했기 때문이다. 그래서 오래 참고 견디고 또 견뎠다.

본선대회가 끝나고 결과가 발표됐다. 1등부터 30등까지의 등수가 학교 이름과 같이 공표됐다. 민준이와 서연이의 예성중학교 팀은 10등이라는 성적을 거뒀다. 시 전체에 380개가 넘는 중학교가 있음을 생각하면 대단한 성적이었다. 구 예선에서 예성중학교를 앞섰던 명진여자중학교, 동화여자중학교, 선북중학교는 모두 그 이내에 들지 못했다.

한편, 지훈이가 속한 세환중학교는 2등을 기록했다. 결과 발표 후 서연이와 지훈이는 서로를 축하했다. 구 예선 이후로 안면이 익은 민준이에게도 지훈이는 인사를 해 왔다. 민준이는 어정쩡하게 서연이 옆에 서서 둘의 한결 자연스러워진 모습을 바라봤다. 초등학교 때 애기를 나누며 서연이와 지훈이는 시간 가는 줄 몰랐다. 민준이는 그렇게 한참을 조용히 기다려야 했다.

STORY

11

게임 회사를
만드는 거야

시 본선대회에서 예성중학교가 10등의 성적을 거두자 동네 엄마들 사이에서 꽤 큰 파문이 일었다. 그중 일부는 서연이 엄마와 민준이 엄마에게 연락을 취해 오기도 했다. 아이들이 어떻게 경시대회를 준비했는지 묻기 위해서였다. 무슨 비결이 있는 걸까 궁금한 모양이었다. 하지만 말해 주고 싶어도 다른 엄마들에게 특별히 해 줄 말이 없었다.

　민준이와 서연이도 아이들에게 같은 질문을 수없이 많이 받았다. 심지어는 학교 선생님들 중에도 물어보는 선생님이 있었다. 민준이와 서연이는 자신들이 사용한 방법이 특별한 비밀이라고 생각하지 않았다. 그래서 손병석 선생님한테 들은 금융의 세 가지 비밀이나 서연이 아빠한테 배운 내용 등을 편하게 얘기해 줬다. 물론 비밀이라는 말은 쓰지 않았고, 누구에게 들었는지도 밝히지 않았다. 핵심은, 잘 모르는 과도한 리스크는 지지 않는다는 것과 커다란 손실을 입지 않으면서 꾸준한 이익을 장기간 얻어 가야 한다는 점이었다.

놀라운 사실은 아이들과 선생님들의 반응이었다. 아이들은 서연이와 민준이의 설명을 별다른 선입견이나 거부감 없이 받아들였다. 그런데 선생님들은 달랐다.

"에이, 그런 뻔한 얘기 말고 특별한 거 없니?"

"무슨 비법 같은 거 있을 거 아니냐. 숨기지 말고 얘기해 줘. 나도 좀 써먹어 보자."

한결같이 뭔가 대단한 방법이 따로 있을 거라고 생각하는 것처럼 보였다. 심지어 일부 선생님은 자기를 무시하는 거냐며 화를 내기도 했다. 민준이와 서연이는 이런 상황이 당황스러울 뿐이었다.

사실 선생님들이 고집을 피우는 데는 이유가 있었다. 동네 엄마들과 선생님들 사이에선 지훈이가 속한 세환중학교 팀은 투자 상품의 비중이 굉장히 높고 빚도 많이 끌어다 썼다는 얘기가 돌았다. 더 큰 수익을 내기 위한 방법으로 파생 거래라는 걸 적지 않게 했다는 소문도 무성했다. 그러니 세환중학교에 거의 필적하는 성적을 거둔 서연이와 민준이도 비슷한 방법을 쓰지 않았을까 짐작했던 거였다.

하지만 민준이는 이런 상황이 잘 이해되지 않았다. 민준이와 서연이가 택한 방식은 금융 문제를 신중하고도 건전하게 접근하는 거였다. 망할 일은 아예 만들지 않으면서 오래 참으며 쌓아 나가는 방식이다. 그렇다고 위험하게 돈을 운용하는 팀 모두가 예성중학교 팀보다 결과적으로 못한 성과를 거둘 리는 없었다. 그중 일부는 분명히 예성중학교를 앞서기 마련이었다. 실력이 없더라도 단지 운만으로도 그런 결과는 충분히 발생할 수 있다.

민준이는 돈 문제라는 게 이기고 지는 문제는 아닌 것 같았다. 어쩌다 운이 좋아서 1등이 되는 것보다 운이 나빠도 망하지 않도록 견고하게 다져 나가는 게 더 중요하지 않나 싶었다. 항상 일방적으로 운이 나쁘기만 한 사람은 없을 것이다. 초반에 운이 좀 없더라도 나중에 좋은 운이 얼마든지 찾아올 수 있다. 그래서 언젠가 운이 찾아왔을 때, 그 운을 움켜잡을 수 있도록 준비해 놓는 게 정답이라고 생각했다.

얼마간 시간이 흐르자 선생님들은 더 이상 민준이와 서연이를 찾아와 귀찮게 하는 걸 그만뒀다.

"민준아, 잘 지냈니? 오늘은 먹고 싶은 거 마음껏 시키렴."

서연이 아빠는 민준이와 서연이에게 말했다. 그동안 경시대회 준비에 수고 많았다고, 또 좋은 성적을 거둔 걸 같이 축하하기 위해 서연이 아빠가 아이들을 레스토랑으로 불러냈다.

"와, 신난다!"

"고맙습니다!"

서연이와 민준이는 기뻐하며 말했다. 서연이 아빠는 흐뭇한 표정으로 아이들을 바라봤다.

"가상의 돈을 벌고 운용하는 대회에 참가해 보니 어떻든? 진짜 돈 갖고 직접 해 보고 싶다는 생각이 들지 않든?"

서연이 아빠가 묻자 서연이가 신나서 대답했다.

"응, 빨리 어른이 돼서 직접 해 보고 싶어. 그동안 용돈 모아 놓았던 통장에서 정기예금도 하나 새로 들었어. 저축예금에만 놔두면 이자가 거의 붙지 않으니까."

"저도 빨리 어른이 돼서 돈을 벌고 싶어요. 그것도 아주 많이요."

민준이도 대답했다. 민준이는 예전부터 그렇게 생각해 왔다. 특히 엄마가 왜 공부를 열심히 하지 않느냐고 닦달할 땐 더욱 그랬다. 엄마는 공부를 열심히 하지 않으면 좋은 대학에 갈 수 없고, 좋은 대학을 나오지 않으면 좋은 직장에 들어갈 수 없다고 늘 얘기했다. 좋은 직장에 들어가지 못하면 월급을 많이 받을 수 없고, 그러면 늘 쪼들리며 살게 된다고 한탄하듯 말하곤 했다.

민준이도 엄마 말에 겁이 나지 않는 건 아니었다. 실제로 성적이 지금보다 오르지 않으면 좋은 대학에 갈 수 없을 것 같았다. 하지만 선행 학습을 몇 년 이상씩 하는 친구들과 경쟁하는 건 쉽지 않았다. 만약 그렇게 공부해서 명문 대학이라는 곳에 가도 막상 졸업할 때 보면 취직하기가 하늘의 별 따기라는 뉴스를 접할 때면 저절로 맥이 풀렸다.

'성적이 좋다고 모든 게 해결되는 것도 아닌데……'

이런 생각에 답답할 따름이었다.

"민준이는 진짜 돈을 벌고 싶은 모양이구나."

"네."

서연이 아빠는 민준이의 대답에서 뭔가를 느낀 모양이었다. 몇 초간 민준이를 뚫어지라 쳐다보더니 이윽고 말문을 열었다.

"너희들, 진짜로 큰돈을 벌고 싶으면 어떻게 해야 하는지 아니?"

갑작스러운 서연이 아빠의 질문에 서연이와 민준이는 뭐라고 대답해야 할지 막막했다. 잠시 후 서연이가 먼저 대답했다.

"의사나 변호사 같은 전문직이 되는 거?"

"음, 물론 의사나 변호사가 다른 직업보다 연봉이 높긴 하지만, 아빠가 얘기하려는 수준은 그보다 한참 더 많은 돈을 버는 거야."

이어 서연이 아빠는 민준이의 대답을 기다렸다. 서연이 아빠의 눈길을 느낀 민준이는 자신 없는 듯 주저하며 대답했다.

"펀드매니저처럼 투자를 잘하면 될까요?"

"글쎄, 투자나 투기에 성공해서 큰 재산을 모으는 사람도 없지는 않지. 하지만 그렇게 돈을 번 사람들은 말이야, 마찬가지의 이유로 한순간에 전 재산을 잃기도 하거든. 그리고 투자로 큰돈을 벌려면 우선 적지 않은 돈이 있어야 해. 원래부터 돈이 아주 많지 않아도 할 수 있는 방법은 없을까?"

서연이 아빠의 계속되는 질문에 서연이와 민준이는 서로를 멀뚱멀뚱 쳐다볼 뿐이었다. 마침내 서연이 아빠가 자기가 던진 질문에 스스로 대답했다.

"그건 바로, 새로운 회사를 차리는 거야."

서연이와 민준이는 서연이 아빠의 말이 그다지 믿기지 않았다. 회사를 차려 큰돈을 벌면 물론 좋겠지만, 그게 어디 마음먹은 대로 쉽게 될까 싶었다.

"하지만 그건 너무 어려운 일이잖아. 망하기도 쉽고."

서연이의 부정적인 생각이 서연이 아빠는 안타까웠다.

"물론 새로 세운 회사가 다 성공하는 건 아니야. 그럴 리는 없지. 새로운 기술이나 사업 모델을 바탕으로 세운 회사를 스타트업 또는 벤처 회사라고 부르는데, 100개가 생기면 90개 이상 중간에 사라지곤 해."

서연이 얼굴에는 '그거 봐!' 하는 표정이 떠올랐다.

"하지만 그렇게 해서 살아남은 회사 중에 구글과 애플 같은 회사들이 나오는 거야. 이 회사들이 처음 시작할 때 회사 주식을 받은 사람들은 지금 어마어마한 부자가 되었지. 아무도 안 된다던 전기자동차를 만드는 회사인 테슬라를 일으켜 세운 엘론 머스크나 애들 장난감 취급을 당하던 드론을 만드는 회사인 DJI를 세운 프랭크 왕 같은 사람의 재산은 수조 원이 넘어."

서연이와 민준이는 수조 원이라는 돈이 별로 실감이 나지 않았다. 원래 너무 큰 숫자는 비현실적으로 느껴지기 마련이다.

"그 정도까지 성공하지 않더라도 적당한 시점에 회사를 팔아 수십억 원 이상의 재산을 만든 사람들이 꽤 있어. 그리고 몇 번 스타트업을 세웠다가 실패하더라도 그것을 통해 얻은 경험과 교훈이 어디로 사라지는 게 아니거든."

서연이 아빠는 자기 설명이 아이들에게 그다지 잘 받아들여지지 않았다는 걸 느꼈다.

"너희들, 새로운 회사를 세우는 게 정말로 큰돈을 벌기 위한 사실상 유일한 방법인 이유를 아니?"

쉽사리 대답하지 못하는 아이들을 보면서 서연이 아빠는 말했다.

"그건 세상은 항상 바뀌기 마련인데, 그 변화를 이끌어내는 새로운 회사의 가치는 수십조 원 이상도 될 수 있기 때문이란다. 그 돈의 상당 부분이 창업자의 차지가 되는 거지."

가만히 듣고 있던 민준이가 물었다.

"창업을 하지 않더라도 주식 투자를 잘해서 그런 회사의 주식을 사두면 마찬가지 아닌가요? 주식을 샀다는 건 그 회사의 주인이 됐다는 뜻이라고 들었는데요."

서연이 아빠는 민준이의 질문이 기특했다. 말수가 많진 않지만 가끔가다 툭툭 던지는 질문이 핵심을 찔렀다.

"매우 훌륭한 질문이야, 민준아. 하지만 둘 사이에는 결정적인 차이점이 있단다. 창업자나 주식 투자자 모두 그 회사의 주식을 갖고 있다는 점은 같아. 그럼 뭐가 다른 걸까?"

같은 거 아니냐는 질문을 한 민준이가 알 리는 없었다.

"그건 바로, 창업자는 자신의 기술이나 노하우를 통해 능동적으로 회사가 더 잘되도록 할 수 있지만, 단순 주식 투자자는 그저 주식 가격의 변동에 수동적으로 따를 뿐이라는 점이야."

이번엔 서연이가 덧붙였다.

"예를 들어 설명해 주세요."

"예를 들자면, 음…… 그래, 그게 좋겠다. 민준이 너, 저번에 네가 짰던 시뮬레이션 프로그램 보니 솜씨가 좋던데, 만약 네가 게임 회사를 하나 만들었다고 해 보자."

서연이 아빠의 말에 민준이는 화들짝 놀랐다. 게임 회사를 만들었다고 생각해 보자니, 그런 생각은 한 번도 해 본 적이 없었다. 그런데 듣고 보니 뭔가 심장이 쿵쾅거리며 뛰었다.

"그 회사가 민준이 네 회사라면 네가 새로운 기술도 도입하고 개발해서 더 재미있고 실감 나는 게임을 만들려고 하겠지? 그게 성공적이라면 회사의 가치도 따라서 올라갈 거고 말이야. 반면, 어떤 다른 게임 회사의 주식을 샀다고 생각해 봐. 이 경우에는 그 회사가 앞으로 더 멋진 게임을 만들지 아닐지 회사 바깥에 있는 사람이 알 수도 없고 영향을 미칠 수도 없잖아. 컴퓨터 게임을 예로 들었지만, 민준이 네 프로그래밍 실력이면 메신저나 다른 유용한 프로그램들도 얼마든지 만들려고 해 볼 수도 있을 거고."

생각할수록 서연이 아빠 얘기는 맞는 말이었다. 그동안 민준이는 게임을 하는 데만 열중해 오다가 최근 들어 프로그래밍하는 재미에 한참 맛을 들여가고 있었다. 서연이 아빠의 말을 듣고 보니, 아예 새로운 회사를 세워 모두가 좋아할 게임을 만든다는 더 멋진 꿈을 가질 수도 있다는 생각이 들었다.

"말이 나왔으니 말인데, 프로그래밍을 하려면 배워야 하는 컴퓨터 언어가 20세기 영어나 유럽 중세 때의 라틴어와 비슷해. 이걸 모르면 이제 할 수 있는 게 별로 없어. 중세 유럽에서 라틴어를 모르면 거의 모든 종류의 지식으로부터 배제되어야 했지. 그거랑 비슷해. 그래서인지 영국 같은 나라에서는 컴퓨팅이라는 이름으로 프로그래밍을 아예 의무 교육 과목으로 지정해 버렸어. 프로그래밍은 21세기의 필수 언어야."

"아빠, 그런데 지훈이 알지? 이지훈. 걔네 학교 팀이 본선에서 2등을 했는데, 얘기 들어 보니까 빚을 엄청 지면서 그런 성적을 냈대."

서연이 아빠는 지훈이를 잘 알았다. 아니, 좀 더 정확히는 지훈이 아빠를 잘 알았다. 초등학교 때부터 알고 지내던 사이니 모를 수가 없었다. 서연이 아빠는 속으로 생각했다.

'하는 짓이 제 아버지랑 똑같군.'

이런 얘기를 아이들에게 할 수 없는 서연이 아빠는 관련된 다른 얘기를 해 줘야겠다고 생각했다.

"금융에서 투자와 투기의 차이가 뭔지 아니? 둘 다 돈을 벌려고 하는 거래 행위인 건 똑같거든. 그런데 투자, 그러면 뭔가 좋은 것처럼 들리고 투기, 하면 나쁜 짓을 하는 것처럼 들리지?"

"네."

"이런 우스갯소리도 있어. 돈 벌어 보겠다고 거래를 했는데 성공하면 투자고, 실패하면 투기래. 또 이런 것도 있지. 내가 하면 투자고, 남이 하면 투기다. 하하."

서연이와 민준이는 서연이 아빠의 농담이 우습기보다는 어이없게 들렸다. 서연이가 말했다.

"이상한 거 같아, 그런 구별은."

"이상하지. 그래서 우스갯소리라고 한 거 아니겠니. 사실 투자나 투기나 동기는 똑같아. 돈을 벌려고 하는 거지. 투기라고 해서 더 나쁜 걸로 여길 이유는 없어. 하지만 투자나 투기를 하는 주체의 관점으로 보면, 둘을 깨끗하게 구별할 수 있는 방법이 있지. 투자는 자기 돈만으로 하는 거고, 투기는 자기 돈 외에 빌린 돈도 들어가는 거야. 투자의 리스크에 비해 투기의 리스크가 질적으로 훨씬 높아."

민준이와 서연이는 빚을 내서 하는 거래인 투기가 얼마나 위험한지 짐작할 수 있었다.

"회사도 마찬가지야. 돈을 빌려서 하는 투기가 개인에게 위험한 것처럼, 회사가 돈을 빌리는 것도 위험한 일이야. 빚이 없으면 사업이 잘 안 돼도 어떻게든 버티고 꾸려 나갈 수 있어. 하지만 빚을 졌다가 생각했던 대로 사업이 안 되면 결국 회사는 문을 닫고, 그 회사 주식을 가진 사람들은 모든 돈을 잃게 되지. 옛날에 개성상인들은 절대로 돈을 빌리지 않고 자기 돈만으로 사업을 했다고 해. 돈을 빌려 사업하는 게 얼마나 위험한지를 알았던 거지."

민준이는 뜬금없지만 예전부터 궁금했던 한 가지를 물어보았다.

"저기, 로또 있잖아요. 로또를 사는 건 그럼 투기가 아닌 투자라고 할 수 있나요? 저번에 경시대회 할 때 보니까 선택할 수 있는 것 중에 로또도 있더라고요."

"하하. 로또도 선택할 수 있게 되어 있든? 대회를 기획한 사람들이 실제 세상을 아주 철저하게 옮겨다 놓았구나. 뭐, 빌리지 않고 자기 돈만으로 로또를 사는 거라면, 지금 얘기한 정의에 따르면 투기가 아닌 투자라고 할 수 있겠지. 그게 보통 사람들의 머릿속에 있는 투자의 개념과 일치하지는 않겠지만 말이야."

민준이가 사실 노골적으로 물어보고 싶었던 것은 로또를 사는 게 투자냐 아니냐가 아니었다.

"그렇다면 로또가 당첨돼서 끝날 때 돈이 제일 많으면 저희가 경시대회 1등도 할 수 있겠는데요."

"글쎄, 그럴까? 내가 경시대회 평가 규칙은 잘 모른다만, 내가 만들었다면 등수를 단지 마지막에 돈이 많은 순서대로 결정하지는 않을 것 같은데. 로또에 당첨되는 거야 온전히 운에 달린 문제인데, 단지 운이 좋았다는 이유만으로 1등이 되면 금융경시대회 같은 걸 할 이유가 없지."

서연이 아빠의 달라진 목소리에서 민준이와 서연이는 진지함을 느꼈다.

"금융은 다가올 미래에 대비하여 현재 시점의 돈을 잘 관리하는 거야. 여기서 미래란 죽을 때만을 가리키지 않아. 내일, 한 달 뒤, 1년 뒤, 10년 뒤 등 다가올 모든 시간을 말하는 거지. 왜냐하면 그 모든 시간이 다 소중하니까. 죽을 때 재산을 얼마나 많이 남기느냐가 기준이 될 수는 없어."

서연이와 민준이는 신기하다고 생각했다. 방금 전에 서연이 아빠가 한 얘기가 손병석 선생님을 처음 만났을 때 들었던 얘기와 거의 같아서였다.

그때, 스마트폰에 새로 올라온 기사 제목 하나가 서연이 아빠 눈에 띄었다.

"시도 대표 중학교가 참가하는 전국금융경시대회 개최"

나중에 밍키와
마음껏
산책 다니려면

기사에 의하면, 전국의 각 시와 도에서 선발된 100개의 중학교 팀이 모여 다시 한 번 금융경시대회를 한다고 했다. 작년까지는 시 대회, 도 대회까지만 치렀다. 그랬던 것을 올해 들어 최초로 전국경시대회를 하겠다는 거였다. 전국의 중학교 수가 3,200개에 약간 못 미치는 걸 생각하면 전체의 3%에 속하는 학교가 참가 대상이었다.

다음 날 예성중학교로 연락이 왔다. 시 대표로 10개 학교가 참가하기로 결정됐다고 했다. 다시 말해, 예성중학교가 비록 시 대표 중 꼴찌긴 하지만 전국대회에 나가게 됐다는 얘기였다. 한 학교도 전국대회에 나가지 못하게 된 구나 군이 많음을 생각하면 민준이, 서연이네 동네에서 세환중학교와 예성중학교 두 곳이나 나가게 된 건 엄청난 일이었다.

처음 열리는 전국대회라 그런지 대회 규칙도 일부는 미리 공개됐다. 이전의 시 본선대회에서 50라운드를 거쳤다면, 이번 전국대회는 25회를 더 추가하여 총 75라운드를 거치기로 결정됐다. 각 라운드마다 결정에 쓸 수 있는 시간도 이전의 2분 30초에서 2분으로 줄었고, 컴퓨터가 결과를 보여 주는 데 걸리는 시간도 30초에서 20초로 줄었다. 대회가 끝날 때까지 걸리는 총 소요시간은 175분이었다. 거의 3시간에 달하는 시간 동안 휴식 없이 집중해서 검토하고 결정하는 과정을 겪어야 한다는 얘기였다.

학교에서 돌아온 서연이를 막아선 건 밍키였다. 밍키는 단단히 별렀던 모양이었다. 지난 몇 주간 서연이가 워낙 바빴던 탓에 밍키와 제대로 놀아 주지 못했다. 밍키는 다짜고짜 서연이의 옷을 물고 집 밖으로 잡아끌었다. 오늘만큼은 같이 산책하러 나가지 않고 배길 재간이 없었다.

집 앞 공원에 나가자 밍키는 완전히 신나 했다. 이곳저곳 뛰어다니면서 냄새 맡고 영역을 표시하며 행복해했다. 밍키를 달리기 운동시키면서 산책하는 건 서연이에게도 즐거운 일이었다. 할 수만 있다면 마당이 넓은 단독주택으로 이사해서 하루 종일 밍키랑 시간을 보내고 싶었다. 하지만 그럴 수는 없는 노릇이었다.

한참을 돌아다닌 끝에 집으로 돌아온 서연이는 엄마에게 말했다.

"엄마, 지금 당장 충분한 돈이 있어서 은퇴 생활을 할 수 있다면 정말 좋을 것 같아. 그런 돈이 있으면 마당 넓은 집을 지어서 밍키도 실컷 운동시키고."

엄마는 서연이의 느닷없는 말에 웃음을 터트렸다.

"은퇴라니, 한서연. 앞날이 창창한 중학생 입에서 나올 얘기는 아닌 것 같은데."

하지만 말은 그렇게 해도 엄마도 서연이 생각에 공감이 가지 않는 것은 아니었다.

"그러게, 펜션이 있어서 은퇴할 수 있으면 그것도 나쁘지 않긴 하겠네."

별생각 없이 듣고 보니 서연이는 엄마의 얘기가 약간 맘에 걸렸다.

"엄마, 펜션 짓는 거 생각해 봤어? 난 아직 시골 가서 살고 싶지 않은데. 우리 사는 집에 다른 사람들이 들락날락하는 것도 좀 별로일 것 같아."

이번엔 서연이 얘기를 들은 엄마가 어안이 벙벙한 표정을 지었다. 그러다 갑자기 고꾸라지듯 배를 잡고 웃기 시작했다.

"아, 미안, 서연아. 엄마가 얘기한 펜션이 그 펜션이 아니야."

서연이 엄마는 너무 웃느라 말을 채 제대로 하지 못했다. 서연이는 이 상황이 어리둥절하면서 약간 기분이 나빠지려 했다.

"그럼 무슨 펜션인데?"

"엄마가 얘기한 건 민박처럼 개인이 운영하는 작은 숙박 시설이 아니고 연금이야. 그리고 보니 둘이 서로 단어가 똑같네."

서연이는 연금이란 말을 얼핏 들어 보긴 했다. 하지만 그 말을 뜻하는 영어 단어가 펜션인지는 몰랐다.

"알파벳으로는 둘이 똑같아 보이지만, 사실 영어 단어 펜션에 우리가 쓰는 민박 같은 의미는 없단다."

서연이 엄마의 웃음소리가 컸던 탓인지 일찍 집에 돌아와 있던 서연이 아빠가 서재에서 나오면서 서연이에게 말했다.

"그게 무슨 소리야? 펜션 민박, 이런 말 쓰는데."

약간 무안해진 서연이 엄마가 반박했다.

"우리나라에서 그런 식으로 쓰기는 하지. 하지만 미국이나 영국같이 영어를 모국어로 쓰는 나라에서는 그런 의미로 쓰질 않아. 일본 사람들이 잘못 쓰던 게 1990년대 후반에 어쩌다 우리나라에도 들어와 버렸어."

서연이 아빠가 쩝쩝 입맛을 다시며 설명했다. 서연이 아빠는 일본에서 잘못 들어온 것들이 우리나라에 너무나 많다고 늘 안타까워했다.

"그럼 원래는 뭐야?"

서연이가 다시 묻자 아빠는 대답했다.

"숙박 시설이라는 의미는 사실 같은 알파벳의 프랑스어 단어 팡시용에만 있어. 팡시용은 하숙집, 소규모 호텔이라는 뜻이야. 그걸 그냥 영어식으로 펜션이라고 잘못 읽으면서 지금처럼 돼 버린 거지."

서연이는 펜션과 연금에 대해 호기심이 생겼다.

"연금이란 게 은퇴하고 나면 매년 받는 돈 맞지?"

"응. 글자 그대로 풀어 보면 매해마다 받는 돈이란 뜻이니까."

서연이 아빠는 서연이의 질문에 간단히 대답했다.

"연금이 예금이랑 다른 건 뭐야? 예금도 자기가 저축한 돈이고, 연금도 젊었을 때 낸 돈을 나중에 은퇴해서 받게 되는 거 아닌가?"

얘기를 옆에서 듣고 있던 서연이 엄마가 끼어들었다. 서연이 엄마의 말에 서연이 아빠는 재미있다는 표정을 지었다.

"그렇지 않아도 서연이한테 내가 그 차이를 물어보려던 참이었는데. 혼자서 책이나 인터넷을 찾아서 공부해 보라는 의미에서 말이야. 모든 걸 다른 사람에게 들어서 알게 되면 나중에 혼자 공부하는 능력을 키울 수가 없거든."

"당신은 맨날 또 그 얘기야? 정리된 얘기를 들어야 고생도 덜하고 효과적이지. 안 그러니, 서연아?"

서연이 엄마는 서연이 아빠를 가볍게 흘기고는 서연이에게 동조를 구했다. 서연이는 엄마 아빠의 그런 모습이 익숙하고 또 좋았다.

"에이, 좋다. 이거까지는 아빠가 얘기해 주마. 대신 연금에 대한 나머지 공부는 서연이가 혼자 알아보도록 숙제를 줄 거야. 알겠지?"

서연이와 서연이 엄마 모두 괜찮다고 하자 서연이 아빠는 얘기를 시작했다.

"우리말로 연금이라고 부르는 건, 사실 서로 관련이 별로 없던 서양의 두 가지 제도에서 유래됐어. '어뉴어티'라는 게 그중 하나인데, 역사적으로 보면 이게 좀 더 오래되었지. 어뉴어티는 내가 정기적으로 낸 돈을 바탕으로 해서 나중에 매년 일정 금액을 받는 제도였어. 우리말의 연금은 이 어뉴어티라는 단어를 글자 그대로 번역한 것이기도 해."

여기까지의 얘기를 서연이가 다 이해했는지 확인하기 위해 서연이 아빠는 잠시 말을 멈췄다.

"반면, 또 다른 제도인 펜션은 내가 모은 돈을 나중에 나눠서 받는 게 아니었어. 나라에 큰 공을 세웠을 때나 뭔가의 이유로 왕한테 잘 보였을 때 갑작스럽게 예정에 없던 돈을 받는 게 펜션이었지. 펜션은 어뉴어티와는 달리 꼭 매년 받는다는 보장이 없었어. 어떤 펜션은 일시금으로 한 번만 받고 끝나는 경우도 있고, 또 매년 받는 펜션도 있기는 하지만 시간이 가다 왕의 마음이 바뀌었다든지 다른 사람이 왕이 되면 갑자기 취소되어 없던 일이 되곤 했으니까. 한마디로 예전의 펜션은 일종의 복권이나 다름없었어."

서연이는 예전의 펜션이 일종의 복권이나 다름없었다는 말이 인상 깊게 들렸다.

"요즘 시대의 연금에는 어뉴어티와 펜션의 두 가지가 요소가 섞여 있지만, 아무래도 어뉴어티 쪽의 성격이 좀 더 강해. 왜냐하면 우리가 연금이라고 부르는 대부분은 일정 기간 동안 어떤 식으로든 내가 조금씩 돈을 내게 되어 있거든. 내가 모은 돈이 아닌데 갑자기 나라에서 돈이 나오는 순수한 의미의 펜션이 아예 없는 건 아니야. 하지만 매우 드물어. 굳이 예를 들라면 올림픽에서 금메달을 딴 사람들이 받는 연금 정도가 아닐까 싶다."

서연이 아빠는 여기까지 얘기하고는 서연이를 쳐다봤다. 서연이의 대답을 기다리는 눈치였다.

"그러니까, 아빠 말은 예금은 그냥 돈을 모으는 수단이고, 그에 반해 연금은 어떤 식으로 그 돈이 생겼든지 간에 긴 기간에 걸쳐서 받게 되는 돈이라는 얘기네."

서연이가 대답하자 서연이 아빠는 무릎을 탁 쳤다.

"빙고! 그보다 더 정확히 얘기할 수는 없겠다. 예를 들어, 연금 중에 즉시 연금이라는 게 있는데, 이건 이미 예금 등을 통해 목돈이 마련되어 있는 경우 그 돈을 맡기고 죽을 때까지 매달 일정한 돈을 받는 거야. 복권 중에도 연금 복권이라는 게 있어서 당첨이 되면 한 번에 당첨금을 받는 게 아니라 20년간 매달 500만 원씩 받게 돼."

"그런 연금을 벌써 받고 있으면, 진짜로 돈 걱정 없이 여행 다니고 좋겠네. 그렇지, 여보?"

서연이 엄마의 말에 서연이 아빠와 서연이 모두 환하게 웃었다.

서연이는 아빠와 약속한 대로 연금에 대해 혼자서 좀 더 알아보기 시작했다. 우선 서연이가 알아보고 싶었던 것은 연금이 실제로 유용한지였다. 조금만 조사해 봐도 연금이 유용하지 않다고 얘기할 수는 없었다. 실생활에서 연금이 있는 사람과 없는 사람이 느끼는 차이는 컸다. 물론 연금으로 받는 돈이 생활하는 데 충분하냐는 문제는 있겠지만, 적은 돈일지언정 받으면 보탬이 많이 된다는 건 분명했다.

연금이 꼭 필요한지의 문제도 있었다. 사람들에게 연금이 필요한 가장 큰 이유는 나이가 들면 정년퇴직 등으로 인해 언젠가는 은퇴를 해야 한다는 점이었다. 은퇴를 한다는 얘기는 더 이상 직장에 다니면서 받아올 수 있는 월급이 없어진다는 뜻이다. 하지만 아무리 나이가 많아져도 기본적인 생활에 드는 돈은 여전히 있기 마련이다. 들어오는 돈은 없어졌는데 나갈 돈은 여전한 상황에 처하게 된다.

충분히 많은 재산이 있다면 연금이 꼭 있을 필요는 없다. 하지만, 그렇게 형편이 좋은 사람들은 얼마 되지 않는다. 대다수 사람들은 나이가 들어 직장을 잃거나 퇴직하면 그때부터 얼마 안 되는 재산을 깎아 먹으면서 생활해야 한다. 그러다 가진 재산을 모두 탕진하고 나면 그다음엔 빈곤층으로 전락하는 수밖에 없다.

예전에는 연금의 중요성을 별로 인식하지 못하는 경우가 많았다. 그런데 어느샌가 연금이 얼마나 중요한지 얘기하는 사람들이 많아졌다. 그 이유는 바로 사람들이 예전보다 오래 살게 되어서다. 예전에는 50~60대에 세상을 뜨는 사람들이 흔했다. 직종에 따라 다르지만만, 58세부터 만 65세까지에 이르는 정년 후 채 몇 년 더 살지 못했다. 이런 상황에서는 연금은 있으면 좋지만, 없어도 그만이었다.

그러나 요즘 평균 수명은 남자가 70대 후반, 여자는 80대 중반에 이른다. 게다가 예전과는 달리 평생 직장에 다니지 못하므로, 정년에 도달하기 한참 전인 40대에 직장을 잃는 경우도 많다. 만약 50세에 반강제적으로 은퇴를 강요당하면, 월급 없이 살아야 하는 기간이 30~40년 이상이 될 수도 있다. 이럴 때, 미리 젊었을 때 모아 놓은 연금이 있다면 얼마나 요긴할지 충분히 짐작할 수 있다.

연금에 대한 내용을 찾아서 읽다 보니 서연이는 한 가지 흥미로운 사실을 접하게 됐다. 바로 사람들의 의사결정이 별로 합리적이지 못하다는 점이었다. 늘어난 평균 수명과 직장이 불안정하다는 점을 생각해 보면, 나중에 닥칠 게 틀림없는 은퇴 시점을 감안해서 연금에 돈을 충분히 부을 필요가 있다. 하지만 실제로 그렇게 하는 사람은 별로 많지 않았다.

여기에는 사람들이 자기 자신의 능력을 과신하는 경향도 한몫한다고 했다. 한마디로 사람들은 비현실적으로 낙관적이기 마련이고, 그게 사람의 본성에 가깝다는 얘기였다. 자신의 외모가 어느 정도냐고 물으면 열 사람 중에 아홉 사람은 평균 이상은 된다고 대답한다는 실험 결과 얘기도 있었다. 그래서 돈을 잘 버는 지금의 상태가 앞으로도 쭉 계속되리라 믿고, 연금 같은 것을 미리 들어 놓을 생각을 하지 않는다는 거였다.

'나도 사실 그런 생각을 해 본 적은 없는걸. 지금 당장은 안 되지만 나중에 직장을 갖게 되면 연금을 꼭 들어야지.'

다음으로 서연이는 우리나라에서 들 수 있는 연금의 종류를 알아보자고 생각했다. 제일 먼저 눈에 띈 것은 우리나라 연금의 3층 구조였다.

'제일 밑의 1층에 국민연금이라는 게 있고, 그다음 위 2층에 퇴직연금이라는 게 있고, 제일 위 3층에 개인연금이라는 게 있구나.'

국민연금은 대한민국 국민인 이상 의무적으로 가입해야 하는 연금이었다. 개인의 결정으로 가입 여부가 정해지는 게 아니고 공적 목적으로 설립된 연금인 탓에 공적 연금이라고도 불렀다. 국민연금은 직장에 다녀 월급을 받으면 알아서 그중 일부를 떼 가고, 나중에 만 65세 이후에 연금을 받게 되었다.

퇴직연금도 국민연금과 마찬가지로 자신이 받는 연봉의 일부를 따로 떼서 굴려 나가는 연금이었다. 직장에 다니는 한 가입이 사실상 강제되기 때문에 공적 연금과 비슷하고, 다른 많은 나라에서 퇴직연금이 우리나라의 국민연금과 같은 성격으로 운영되는 경우가 많았다.

개인연금은 국민연금이나 퇴직연금과는 달리, 개인이 자발적으로 가입할지 말지를 결정하는 연금이었다. 여기에는 크게 두 가지 종류가 있었다. 연금저축이라는 게 있고, 개인연금보험이라는 게 있었다.

3층 구조라고 하니 서연이는 처음에는 뭔가 멋있게 느껴졌다. 다른 나라들의 경우, 1층으로만 되어 있는 경우가 많고, 많아야 2층으로 되어 있다는 걸 알게 돼서였다. 그런데 좀 더 찾아보다 보니 꼭 그렇게 볼 것만도 아니라는 생각이 들었다. 층의 개수가 중요한 게 아니라, 1층으로 되어 있더라도 은퇴 후 생활하는 데 어려움이 없을 정도의 연금을 받는 게 중요해 보였다. 국민연금과 퇴직연금을 합쳐도 충분한 연금을 받지 못하는 경우가 많으니 개인연금을 통해 모자라는 부분을 채우라고 하는 것처럼도 느껴졌다.

이때쯤 서연이 머릿속을 스쳐 지나가는 생각이 하나 있었다.

'혹시 금융경시대회의 매 1회가 인생의 1년이라는 기간에 해당되는 거 아닐까?'

생각할수록 충분히 있을 법한 얘기였다. 대학을 졸업하거나 사회에 나오기 전은 아직 돈을 벌기 전이라 경시대회의 대상이 되기에는 부적합해 보였다. 그렇다면, 경시대회의 첫 번째 회는 한 사람의 인생으로 볼 때 25세 정도로 볼 수 있을 것 같았다. 이번 전국대회에서는 총 75회를 치러야 하니까, 이를테면 100세까지 사는 것처럼 가정하고 돈에 대한 결정을 내려야 하지 않을까 싶었다.

'이번에 전국대회 때는 큰돈은 아니더라도 초반부터 연금을 하나 들어 놓아야지.'

서연이는 혼자서 알아낸 내용을 아빠에게 얘기해 봐야겠다고 생각했다.

세상에
공짜 점심은
없어

전국대회가 열리기 3일 전, 학교 수업이 끝나고 언제나
처럼 프로그래밍 학원으로 향하는 민준이의 컨디션은 썩
좋지 않았다. 요새 계속해서 밤늦게까지 프로그래밍하느라 잠자는
시간이 부족한 탓이었다. 민준이는 저번에 만들었던 투자 시뮬레이션
프로그램을 좀 더 쓰기 좋게 만드는 작업에 한창 몰두하고 있었다.

　그걸 제안한 건 서연이 아빠였다. 서연이 아빠가 보기에 민준이의
프로그램, 좀 더 정확하게는 민준이의 프로그래밍 실력은 가능성이
있었다. 그래서 몇 가지의 팁을 민준이에게 알려줬다. 어느 정도가
되면 그 프로그램을 관련된 분야의 회사에 팔 수 있을 것 같았다.

　영화 〈아이언 맨〉의 실제 주인공으로도 알려진 테슬라 자동차의
엘론 머스크는 초등학교 6학년 때 자신이 직접 만든 게임 프로그램을
돈 받고 게임 회사에 팔았다. 그런 걸 보면 민준이도 전혀 가능성이
없다고 할 수 없었다. 또 더 나아가 민준이가 아예 새로운 회사를 차
리는 것도 생각해 볼 수 있었다.

홍현조 선생님의 프로그래밍 수업은 오늘도 새로운 내용으로 가득했다. 민준이는 온 정신을 집중하여 수업 내용을 흡수하고 또 흡수했다. 잠깐 쉬는 시간이 되자 민준이는 지친 나머지 책상에 그대로 엎드려 휴식을 취했다. 옆에서 다른 형들은 언제나처럼 유치한 장난을 치느라 여념이 없었다.

"야, 밑에 편의점 가서 주스하고 빵 좀 사 와 봐."

"내가 왜 그래야 하는데?"

"저번에 너 내 노트 빌려 가서 봤잖아. 값을 해야지, 값을."

"그 좀 볼 수도 있지, 뭘 그런 걸 가지고."

"허, 이놈 봐라. 세상에 공짜가 어디 있다고. 빨리 사 와."

반쯤 농담이면서 반쯤 진담인 대화와 함께 마찬가지로 반쯤 농담인 주먹과 발길질이 오갔다. 커피를 사 가지고 강의실로 돌아오던 홍 선생님이 그 모습을 보곤 말했다.

"세상에 공짜는 없지. 공짜인 줄 알고 덥석 받은 것들이 나중에 보면 결국 뇌물이거나 족쇄가 되기 마련이다."

"거 봐, 선생님도 공짜는 없다잖아."

공짜 얘기를 하던 중 홍 선생님은 예전에 들은 얘기가 생각났다.

"얘들아, '세상에 공짜 점심은 없다'는 말 들어 본 적 있지? 그게 어떻게 생긴 말인지 아니?"

"점심밥을 먹었으면 당연히 돈을 내야 한다는 얘기 아니에요? 노트를 빌려 갔으면 빵을 사야 하는 것처럼요."

학생들이 와 하고 웃었다. 홍 선생님도 미소를 지으며 말했다.

"19세기 미국에서 레스토랑 같은 곳들이 손님을 더 끌어 보겠다고 음료를 주문하면 점심을 공짜로 제공하겠다는 광고를 열심히 한 거야. 실제로 음료만 시키면 돈 받지 않고 점심을 줬대. 그런데 점심이라고 준 게 바로 짠 스낵 있잖아, 그걸 공짜로 무한정 준 거야. 그러니 무슨 일이 벌어졌겠어? 그 짠 스낵으로 배 채운다고 잔뜩 먹었으니 목이 몹시 마를 거 아니겠어? 그래서 결과적으로 음료를 더 주문해 마시게 됐다는 거지. 결국 공짜로 먹은 스낵값보다 음료값으로 한참 더 쓰게 되더라는 걸 보고 나온 말이야."

모두가 흥미로워하는 가운데 한 학생이 선생님에게 물었다.

"이번에 로또 당첨된 사람 당첨금이 30억 원이 넘는대요. 이런 건 공짜 아니에요?"

"공짜는 아니지. 최소한 1,000원은 들여서 샀을 테니까."

이번엔 다른 학생이 끼어들었다.

"어디서 들었는데 로또에 돼도 그 돈을 다 받는 게 아니라고 하던데요?"

"에이, 그런 게 어딨어? 내 돈 내고 사서 당첨됐으면 다 내 돈이 돼야지."

"맞아. 그건 말도 안 돼."

"아, 생각만 해도 정말 짜릿한데. 갑자기 30억 원이 생기면 얼마나 좋을까?"

아이들이 소란스럽게 떠드는 소리를 뚫고 홍 선생님의 느긋한 목소리가 들려왔다.

"얘들아, 이 세상에는 절대로 피할 수 없는 두 가지가 있다는 얘기, 들어 본 적 있니? 그게 뭔지 알아?"

아이들은 입을 다물고 생각에 잠겼다. 하지만 섣불리 말을 꺼내는 사람은 없었다. 아무도 대답하지 않자 홍 선생님은 말했다.

"첫 번째는 죽음이야. 어떤 사람도 죽음을 피해갈 수 없지. 예전 중국의 진 나라 황제 진시황은 중국을 통일해 어마어마한 권력을 갖게 됐지. 그러자 모든 신하들을 동원해서 불로초라는 영약을 구해 오라고 시킨 거야. 그걸 구해 먹음으로써 영원히 죽지 않는 삶을 살고 싶었던 거지. 하지만 그런 약이 있을 리가 없잖아. 결국 진시황조차도 50세의 나이로 객사했다고 해."

"그럼 다른 하나는 뭐예요?"

기운을 차린 민준이가 분위기가 조금 차분해지자 물었다.

"다른 하나는 말이야, 바로 세금이야."

가라앉으려던 분위기는 홍 선생님의 말 때문에 다시 달아올랐다.

"으악, 세금은 싫어요."

"세금 내는 건 왠지 억울한 것 같아요."

"그 돈 받아 가서 엉뚱한 데 쓰는 거 아니에요?"

아이들이 과장된 목소리로 와글대는 모습이 재미있어서 홍 선생님은 나오는 웃음을 억지로 참았다.

"그래서 아까도 얘기했잖아. 세상엔 공짜 점심이 없다고. 너희 초등학교나 중학교 다닐 때 수업료 안 냈지?"

대부분 "네!" 하고 대답하는데 한 학생이 말했다.

"저는 초등학교 때 냈는데요."

그러자 바로 옆의 친구가 말했다.

"그건 네가 사립을 나와서 그런 거잖아. 지금 그걸 따질 게 아니라고."

"그래, 보통의 경우 수업료를 내지 않고 중학교까지 다니게 되지. 그러면 학교 수업이 정말 공짜일까? 그게 진짜 공짜라면 학교 선생님들은 어디서 월급을 받겠어? 모든 국민이 세금을 내기 때문에 그 돈으로 학교를 운영하고, 중학교까지 수업료 없이 다닐 수 있는 거야."

홍 선생님의 말에 반박하기 쉽지 않았는지 모두 조용해졌다.

"아까 로또 얘기했잖아? 로또 1등에 당첨되면 당첨금의 33%를 세금으로 내게 돼. 30억 원에 당첨되면 약 10억 원을 세금으로 내고, 실제로는 나머지 20억 원 정도만 받게 되는 거야."

"우와, 그렇게나 많이 세금을 떼 가요?"

"너무했다, 그건."

학생들은 다시 끓어 올랐다. 민준이는 형들이 수업하기 싫어 일부러 흥분한 척하고 있는 게 아닌가 생각했다.

"아까도 얘기했지만, 세금은 피해갈 방법이 없어. 어차피 피할 수 없다면 제때 잘 내고 볼 일이야. 어떻게 좀 회피해 볼까 하고 숨겼다가 잡히면 원래 내야 했던 금액보다 한참 더 내게 되고, 잘못하면 패가망신할 수가 있어."

홍 선생님은 분명한 어조로 말했다.

"금융에서 세금은 사람들이 생각하는 이상으로 정말 중요한 문제야. 돈이 오고 가는 곳에는 곧바로 세금 관련 문제가 생길 수 있기 때문이지. 때에 따라서는 투자 상품의 수익률이 얼마 되느냐보다 세금 문제를 어떻게 잘 처리하느냐가 훨씬 중요할 수도 있어."

민준이는 홍 선생님의 설명을 주의 깊게 들었다. 세금에 대한 얘기는 예전에 들었던 수수료 얘기와 비슷한 점이 많다고 느꼈다. 이것들을 고려하지 않고 결정하면, 전혀 잘못된 결정을 내릴 수밖에 없기 때문이었다.

만약 5%의 이익을 얻었지만 그 이익의 50%를 세금으로 내야 하는 경우와 3%의 이익에 그쳤지만 세금을 합법적으로 내지 않아도 되는 경우 중 하나를 택해야 한다면, 말할 것도 없이 후자를 택하는 게 더 나았다. 왜냐하면 궁극적으로 결국 나한테 돌아오는 실제의 돈이 얼마냐가 중요하기 때문이다.

"예를 좀 들어 볼까? 은행에 예금을 하면 이자를 받잖아. 이 이자에 대해 세금을 낼까, 안 낼까?"

홍 선생님 묻자 주저하던 학생들 중 한 명이 용기를 내어 말했다.

"예금에서 생기는 이자에 대해서는 세금 안 내도 되는 거 아닌가요? 저축은 나라에서도 장려하는 일이잖아요."

홍 선생님은 아쉬운 표정을 지으며 대답했다.

"일리 있는 얘기긴 하다만, 틀렸다. 예금 이자에 대해서도 세금을 내야 해."

"정말이요?"

"정말로 그래. 보통은 발생한 이자의 15.4%를 세금으로 내. 그래서 100만 원을 예금에 들고 연 이자율이 2%라고 하면, 1년 후에 2만 원이 이자로 들어오잖아. 그 2만 원의 15.4%인 3,080원이 세금이라서 이것을 빼고 남은 나머지인 1만 6,920원만 통장에 들어 와."

홍 선생님의 얘기를 듣던 민준이의 머릿속이 복잡해졌다. 자신이 만들고 있던 투자 상품 프로그램에 이런 내용을 담지 않으면 안 될 것 같아서였다. 궁금함을 견디지 못한 민준이는 걱정스러운 표정으로 물었다.

"그런데요, 선생님. 예금은 그런 일 없겠지만 투자 상품은 손실을 입을 수도 있는데, 그런 경우엔 세금을 어떻게 내나요?"

"아, 그때는 세금을 안 내도 돼. 좀 더 정확히 말하자면, 투자 상품에서 손실을 보면 아예 세금이 없어. 세금이란 건 기본적으로 이익을 봤을 때 내는 거거든. 마찬가지로, 회사에서 월급을 받으면 그것도 내가 다 갖는 게 아니야. 월급에 대해서도 세금을 내게 돼 있어. 연봉이 많으면 세금이 번 돈의 40%가 넘어. 또 집을 샀다가 나중에 팔았는데 돈을 벌었잖아? 그러면 번 돈에 대해서도 세금을 내야 하는데, 세율이 제일 높으면 50%야. 그러니까 이렇게 외우면 돼. '소득이 있는 곳에 세금이 있다'고."

짐작했던 것보다 세율이 높아서 민준이는 깜짝 놀랐다. 민준이는 세금에 대해서도 좀 더 많이 알 필요가 있겠다고 생각했다. 뭐든지 새로 안다고 그걸로 충분한 경우는 별로 없었다. 한 가지를 알게 되면 두 가지에 대해 새로운 호기심이 생겨났다.

"아 참, 한 가지 빠트린 게 있다. 이익이 났는지 아닌지와 상관없이 일정한 금액을 내는 간접세라는 세금도 있기는 해. 대표적인 게 물건을 사면 물건 가격에 포함되어 있는 부가가치세와 주식을 사거나 팔 때마다 내는 증권거래세야."

홍 선생님의 말이 끝나자마자 민준이는 손을 들고 질문했다.

"선생님, 개인 말고 회사가 버는 돈도 세금을 내요?"

홍 선생님은 눈을 비비고 민준이를 다시 쳐다봤다.

"야, 멋있는 질문인데. 민준이가 그런 질문을 할 줄은 몰랐다."

민준이는 홍 선생님의 감탄에 어색한 미소를 지어 보였다.

"그냥 궁금해서요."

"아니, 놀리려는 게 아니고 진짜야. 회사도 당연히 세금을 내지. 사업을 잘해서 이익이 나면 그 이익 금액의 일정 비율을 세금으로 내. 그리고 사업을 잘못해서 손실이 나잖아? 그때는 투자 상품에서처럼 세금이 없어."

"이익이 나면 얼마나 내요?"

민준이는 꼬치꼬치 따져 물었다. 민준이는 개인이 벌어들이는 돈과 회사가 벌어들이는 돈 중 어느 쪽이 세금을 더 많이 내는지 궁금했다.

"정확한 건 찾아봐야 하는데, 아마 제일 많이 내면 24.2%인가였던 거 같아."

"아, 그럼 같은 돈을 벌었다고 했을 때 개인이 회사보다 불리하네요. 세금을 더 많이 내니까요."

"맞아, 실제로 그래."

잠시 후 홍 선생님은 뭔가 생각났다는 듯 다시 말했다.

"그뿐만이 아니야. 회사를 세워서 일하면 유리한 점이 또 있어. 개인은 빚을 져서 이자를 갚아 나가는 게 세금에 아무런 영향이 없잖아. 그런데 회사는 빚을 져서 이자를 갚으면 그 돈만큼 세금을 덜 내. 빚을 지는 만큼 혜택이 생기는 거야."

"그게 무슨 말이에요? 이해가 잘 안 돼요."

"그래, 다시 설명해 줄게. 여기 학원을 예로 들면 되겠다. 학원이 회사라고 생각하고, 학원이 벌어들이는 돈은 너희가 내는 학원비야. 그렇지?"

"네."

"하지만 학원도 학원을 운영하기 위해 쓰는 돈이 있잖아. 나 같은 강사들 월급을 주고, 건물 빌려 쓰는 임대료 같은 걸 내야 하지. 그러면 결국 학원이 실제로 버는 이익은 학원비에서 모든 비용을 뺀 돈이야. 그 돈에 대해 세금을 내야 하는 거고. 예를 들어, 학원비 합친 게 100이고, 강사 월급 등의 비용이 60이라고 하자. 세금 내기 전의 이익이 40이고 세율이 20%라고 하면, 8을 세금으로 내고 32가 세금 내고 남은 돈이 되겠지."

"여기까진 알겠어요."

"그런데, 이 학원이 은행으로부터 100이라는 빚을 졌다고 생각해 보자. 이자율이 연 10%라면 매년 10이라는 돈을 이자로 은행에 물어야 하잖아. 이걸 비용으로 인정해 주기 때문에 세금 내기 전의 이익이 40에서 30으로 줄어드는 거야. 세금은 30의 20%인 6만 내면 되고.

결국 세금으로 내는 돈이 8에서 6으로 2만큼 줄어들지. 반면, 회사가 아니고 개인이었다면 빚에 대한 이자를 얼마를 내건 간에 내야 할 세금은 변함이 없어. 월급쟁이는 이모저모로 불리한 점이 많아. 이제 이해하겠니?"

민준이는 홍 선생님의 마지막 얘기를 마음속 깊이 새기고 또 새겼다.

이틀 뒤, 전국에서 모인 100개 학교 200명의 학생이 한자리에 모여 대회를 벌였다. 전국대회라 그런지 시 대회와는 규칙에서 사뭇 다른 점이 꽤 있었다. 대회 시작 직전에 현장에서 안내하기를, 100개 학교의 성적이 실시간으로 모든 팀에게 공표된다고 했다. 그 말은 다른 팀이 돈을 얼마나 모았는지, 각각의 팀이 몇 등인지를 즉시 알 수 있다는 얘기였다. 또 다른 규칙으로, 등수는 오로지 75회가 끝나고 최종적으로 남아 있는 돈이 많은 순으로 결정된다고 했다.

서연이는 그런 규칙이 맘에 들지 않았다.

"민준아, 그럼 스스로 등수가 낮다고 생각하는 팀은 어차피 밑져야 본전이라는 생각으로 빚내서 위험한 투자 상품에 막 손대고 그러지 않을까?"

"그러게. 그럴 것 같네."

민준이도 서연이 말에 동조했다. 하지만 정해진 대회 규칙을 중학생 2명이 어떻게 할 방법은 없었다.

대회가 시작되자 민준이와 서연이는 신중하게 돈에 대한 결정을 내려 갔다. 초반부터 서연이는 연금에 일정한 돈을 넣자고 제안했고,

민준이도 서연이의 제안에 동의했다. 민준이는 서연이에게 큰돈이 들지 않는 조그마한 사업을 시도해 보자고 제안했다. 서연이도 찬성했다. 늘 그래 왔던 것처럼 무리한 빚은 지지 않으려 했고, 지출이 수입을 넘지 않도록 신경 썼다. 확신이 서지 않는 투자 상품은 쳐다보지도 않았다.

서연이와 민준이의 성적은 30회를 넘어서도록 중하위권에 머물러 있었다. 두 사람과 등수가 비슷한 다른 상당수의 팀들은 단기간 내에 상위권 학교의 돈을 따라갈 방법이 없다고 느낀 나머지 무모한 도박을 하기 시작했다. 그 학교들의 도박이 성공하자 서연이와 민준이의 등수는 더 뒤로 밀렸다. 하지만 두 사람은 꿈쩍도 하지 않았다. 어차피 1등 아니면 안 되겠다는 생각으로 대회에 참가한 것도 아니었다.

시간이 감에 따라 극소수의 학교를 제외한 나머지 학교들의 결정은 서로 비슷해졌다. 빚을 잔뜩 지고 있었고, 더 많은 수익을 기대하며 투자 상품을 엄청난 규모로 사들였다. 주식 가격이 오르는 것 같으면 주식으로 몰렸고, 아파트 가격이 오르는 것 같으면 아파트로 몰렸다. 몰리는 만큼 가격은 더 올랐다. 과거 20회 동안 올랐으니까, 앞으로도 계속 오를 거라고 순진하게 기대했다. 그런 파티 분위기를 애써 외면하려는 예성중학교 팀은 루저 중의 루저처럼 보였다.

그러던 중, 갑자기 대재앙 같은 금융위기가 덮쳤다. 거의 모든 금융 자산의 가격이 하늘에서 떨어지는 공처럼 속절없이 떨어졌다. 매회가 지나면 지날수록 상위권 학교들의 돈은 흔적도 없이 증발해 버렸다. 일부는 그대로 파산했다. 손병석 선생님이 얘기했던 금융 버블이 터지는 순간이 닥쳐온 거였다. 이런 상황이 벌어지자 대회를 주관하는 곳도 몹시 당황하는 눈치였다.

모든 소란이 가라앉고 나자 최종 결과가 나왔다. 민준이와 서연이의 예성중학교 성적은 3등이었다. 예성중학교와 비슷한 방식으로 대회를 치른 극소수의 다른 학교도 모두 20위권 이내의 상위권에 들었다. 한편, 예성중학교보다 성적이 좋은 두 학교는 위험한 투자 상품도 마다하지 않던 학교들이었다. 그게 실력 때문인지, 아니면 단지 운이 좋았던 탓인지는 알 수 없었다. 물론 그 학교 학생들은 그게 자신의 실력이라고 믿었다.

지훈이가 속한 세환중학교는 상당 기간 동안 다섯 손가락 안에 드는 성적을 보이다가 금융위기의 직격탄을 맞고 결국 89등이라는 초라한 성적으로 마무리했다. 워낙 빚을 많이 낸 탓에 투자 상품의 가격이 떨어지자 견뎌낼 재간이 없었다. 시 본선 때처럼 50회에서 끝이 났다면 빛나는 성적을 거뒀겠지만, 75회라는 긴 기간을 피해갈 수는 없었다.

민준이는 자기네가 3등을 한 것보다 세환중학교가 89등이라는 것에 더 마음이 놓였다. 그게 서연이에게 별 의미가 없을지라도.

미래는
알 수 없으니
지레 포기하면
안 돼

전국대회가 끝나고 2주가 지나자 다시 모든 것이 평온한 일상으로 돌아왔다. 서연이와 민준이에 대한 사람들의 과도한 관심은 길지 않았다. 언제 그런 일이 있었나 싶을 정도였다. 그리고 그 잠깐 동안의 관심도 주로 서연이에게 쏠렸다. 이번 대회를 계기로 서연이는 공부 잘하는 아이로 명성을 확고하게 굳혔다. 예성중학교 팀이 거둔 성적의 공은 거의 서연이에게 돌아갔다.

반면, 오로지 파트너 잘 만난 덕에 전국 3등이 된 아이라는 게 민준이에 대한 세간의 평이었다. 한마디로 지독히 운이 좋은 녀석이라는 식이었다. 민준이는 그런 얘기가 들려 와도 못 들은 척했다. 그렇지 않다고 말한다고 해서 사람들의 수군거림이 달라질 것 같지는 않았으니까.

아이들 사이에서 민준이는 여전히 컴퓨터 게임을 좋아하고 잘하는 아이일 뿐이었다. 그리고 그건 사실이었다. 민준이는 게임과 컴퓨터가 여전히 무엇보다도 좋았다. 금융경시대회 후에도 돈은 민준이의 주

된 관심사는 아니었다. 말하자면 금융경시대회는 민준이에게 일종의 보너스 판과도 같았다. 재미있긴 하지만 깨도 그만, 못 깨도 그만인.

딩동댕동.

학교 수업이 끝났음을 알리는 종소리가 울렸다. 세혁이와 형규는 민준이와 좀 더 장난치며 놀고 싶었다. 더군다나 오늘은 1학기가 끝나고 여름방학이 시작되는 날이었다. 하지만 민준이는 그럴 마음의 여유가 없었다. 그러고 보면 오늘 민준이는 좀 이상했다. 평소의 쾌활한 모습은 사라지고 뭔가 안절부절못했다.

"오늘 우리 집에 가서 좀 놀까?"

"난 좋아!"

형규의 제안에 세혁이는 환호성을 질렀다.

"야, 난 오늘 안 돼. 너희들끼리 놀아."

가방을 허둥지둥 챙긴 민준이는 자리를 박차고 일어나며 말했다.

"어? 야, 너 오늘 학원 없는 날이잖아."

"진짜. 무슨 일 있어?"

뒤에 남겨진 세혁이와 형규는 민준이를 향해 소리 질렀다.

"나중에 얘기해."

민준이는 뒤도 돌아보지 않고 대답하며 교실을 빠져나갔다. 세혁이와 형규는 어이가 없었다.

"쟤 뭐야, 오늘?"

"그러게 말이야. 무슨 일 있나 봐."

"에이, 그냥 우리끼리 놀지 뭐."

"가자."

그 시각, 서연이 친구들은 모두 서연이 주위에 둘러 서 있었다.

"서연아, 가서 꼭 연락해야 돼."

"그럼. 미국에서도 카톡 되잖아."

서연이는 짐짓 밝은 표정으로 대답했다.

"서연아, 흑흑"

갑자기 마음이 여린 민지가 울음을 터트렸다. 그러자 잉크가 물에 번지듯 수민이와 지우 등 다른 아이들도 덩달아 울음보가 터졌다.

"기지배들, 왜 울고 그래?"

또래들 중에 어른스러운 편인 서연이도 코끝이 찡해 왔다.

서연이가 1학기만 마치고 미국으로 전학을 가게 된 결정은 꽤장히 갑작스럽게 내려졌다. 서연이 아빠가 미국의 한 명문 대학으로부터 초청을 받아 이번 여름부터 근무하게 된 탓이었다.

"서연아, 내년 가을에는 다시 학교에서 만날 수 있는 거지?"

울음을 겨우 멈춘 수민이가 훌쩍이며 말했다. 수민이 아빠는 서연이 아빠처럼 교수였다. 7년마다 한 번씩 차례가 돌아오는 안식년 제도를 이용해서 수민이네 가족도 재작년에 1년간 미국 생활을 했었다. 그래서 수민이는 당연히 서연이네 가족도 1년 뒤엔 한국으로 다시 돌아오리라고 생각했다.

"으응, 아마도."

서연이가 조금 자신 없는 목소리로 말했다. 서연이의 베프인 채원이와 하은이는 서로 눈짓을 주고받았다. 둘은 서연이가 1년 뒤에 못 올 수도 있다는 사실을 알고 있기 때문이었다. 서연이 아빠는 통상의 안식년이 아니라 미국 학교로부터 정식 제안을 받은 거였다. 그러니까 한국으로 돌아오지 않을 가능성이 훨씬 컸다. 하지만 채원이와 하은이를 제외한 다른 친구들 중 서연이의 자신 없는 목소리의 의미를 제대로 알아챈 사람은 없었다.

"언제 미국으로 출발해, 그럼?"

지우가 묻자 서연이는 대답했다.

"내일 오후 5시 30분 비행기야."

"오늘이 정말 마지막이네. 헤어지기 섭섭해서 어쩌지?"

친구들은 다들 아쉬움에 쉽게 자리를 뜨지 못했다. 서연이는 속으로 생각했다.

'이러다가는 많이 늦겠어.'

서연이는 친구들과의 작별 인사를 서둘러 끝냈다. 서연이도 급하게 가야 할 곳이 있었다.

뛰다시피 온 민준이는 자신이 먼저 온 것을 확인하고는 안도의 한숨을 내쉬었다. 맨 처음에 서연이를 만났던 스무디 전문점에 도착한 거였다. 그때는 민준이네 반 담임선생님의 종례가 길어져 서연이를 기다리게 했다. 그런 데다가 용돈이 넉넉지 않아 스무디값도 서연이가 내게 할 수밖에 없었다. 하지만 오늘만큼은 그런 모습을 보이고 싶지 않았다. 그동안 아껴 모은 돈을 다 들고나온 민준이 수중에는 스무디를 몇 잔이라도 살 수 있는 돈이 있었다.

얼마의 시간이 지난 후 서연이가 스무디 전문점의 문을 열고 들어왔다. 서연이의 모습을 발견한 민준이는 손을 흔들어 보였다. 서연이는 무거운 마음으로 민준이가 앉은 테이블로 다가갔다.

"안녕, 오랜만이야. 그동안 잘 지냈지?"

먼저 인사를 한 건 서연이였다. 금융경시대회 기간에는 꽤 붙어서 지냈지만, 막상 대회가 끝나고 나자 별로 볼 일이 없었다. 학교 복도에서 마주치면 가볍게 아는 체하는 게 전부였다. 따로 만나서 얘기하는 건 대회 후 오늘이 처음이었다. 동시에 오늘이 마지막일 수도 있었다.

"안녕."

반가움과 어색함 모두 감추지 못하며 민준이도 인사했다. 하지만 이어 할 말을 찾기가 쉽지 않았다. 사실, 오늘 만나면 무슨 말을 해야 할지 지난 며칠 동안 민준이는 생각하고 또 생각했다. 하지만 막상 서연이가 앞에 있자 머릿속이 새하얘졌다.

"미국으로 전학 가게 됐다며?"

한참 만에 할 말을 생각해 낸 민준이가 말을 걸었다.

"응, 갑자기 그렇게 결정돼 버렸어. 아빠가 미국 학교로 옮기게 돼서."

"그렇구나."

민준이는 짧게 대답하고는 다시 말문이 막혔다. 그런 민준이가 안

쓰러워진 서연이는 구원의 손길을 내밀었다.

"우리, 주문할까? 오늘은 네가 사 주는 거지?"

서연이가 하얀 이를 활짝 드러내며 웃어 보이자 긴장해 있던 민준이도 조금은 여유를 되찾았다.

"맞다, 맞다, 주문해야지. 물론이야, 내가 살게. 뭐로 할래?"

"음, 나는 슬림 앤 슬림 스트로베리."

"알았어."

입에 잘 붙지 않는 낯선 이름을 어떻게든 잊어버리지 않으려 애를 쓰며 카운터로 주문하러 간 민준이는 잠시 후 두 잔의 스무디를 들고 돌아왔다.

"넌 뭐 시켰어?"

생각지 못한 서연이의 질문이 민준이는 당황스러웠다.

"아, 이거? 이건 네 거랑 비슷한 망고 들은 거."

"그것도 맛있는데."

"그래? 그럼 이것도 먹어. 나는 괜찮아."

예상치 못한 민준이의 반응에 이번엔 서연이가 기겁했다. 그런 뜻이 아니라며 손사래를 쳤다. 하지만 이를 통해 둘 사이에 흐르던 미묘한 얼음 같은 분위기는 확실히 녹아내렸다.

"미국 가면 이런 스무디 파는 가게도 훨씬 많을 텐데. 종류도 많고. 잘된 것 같아. 가면 마음껏 골라서 먹을 수 있을 테니까."

제법 편안한 목소리로 민준이는 말했다. 하지만 정말로 하고 싶은 말은 아직 차마 꺼내지 못했다.

"그동안 고마웠어."

서연이가 말문을 열자 민준이가 반문했다.

"뭐가?"

"저번에 대회 준비할 때, 그리고 대회 치를 때. 사람들은 잘 모르지만 네가 내 파트너가 아니었다면 아마 그런 성적을 거두지 못했을 거야."

민준이는 하늘로 붕 날아오르는 것처럼 느껴졌다. 서연이에게 고맙다는 말을 듣고 싶었던 적은 한 번도 없었다. 다만, 서연이에게 인정받고 싶은 마음뿐이었다. 친구로서, 그리고 될 수만 있다면 그 이상의 가능성에 대해서도.

"미국에는 멋있는 남자아이들도 많이 있겠지? 너한테 막 관심도 보이고 그럴 거고. 그래도 1년 뒤에 돌아오면 우리 다시 만날 수 있는 거지?"

민준이의 고백은 어설펐다. 불안감과 질투를 어쩌지 못하고 엉뚱한 소리까지 해 버렸다.

"……."

서연이의 침묵이 길어지자 민준이는 쥐구멍에라도 숨고 싶었다.

"아빠가 새로운 학교에 오래 있을 수도 있어서 내년에 돌아올 수 있을지는 나도 잘 몰라."

"응."

"하지만 나도 그렇고 너도 그렇고 하루하루 해야 할 일을 하면서 지내다 보면, 언젠가 다시 만나지 말란 법은 없지 않을까?"

서연이의 말은 모호했다. 만날 수 있다고 확답하는 것도 아니고, 그렇다고 그럴 일 없다고 딱 잘라 거절하는 것도 아니었다. 갑자기 서연이는 화제를 바꿔 물었다.

"그런데, 너 저번에 우리 아빠랑 짜던 프로그램은 잘 돼가?"

"아, 그거. 요즘은 거의 손을 못 댔어. 완성해도 앞으로 얼마나 잘 될지 불확실한 것 같아서."

"그래?"

서연이는 눈을 크게 뜨고 민준이를 쳐다봤다. 민준이는 서연이의 그런 모습이 완전히 낯설지 않았다. 언젠가 본 적이 있는 듯한 모습이었다.

'언제였더라?'

"앞으로의 미래가 확실치 않다고 그만둬 버렸는데 어떻게 바라는 일이 이뤄지기를 기대할 수 있겠어?"

서연이는 웃는 얼굴로 조용조용 말했다. 그때 민준이는 언제 서연이의 이런 표정을 봤었는지 기억이 났다.

'여기서 처음 만나던 날, 구 예선도 통과하기 어렵겠다는 말을 했을 때 짓던 표정이야!'

민준이의 얼굴은 부끄러움으로 다시 붉게 물들었다.

"미안, 그런 뜻은 아니었어."

민준이는 이내 주먹을 불끈 쥐고는 일사천리로 서연이에게 말했다.

"내가 만들려던 프로그램이 앞으로 어떻게 될지 알 수 없지만, 그렇다고 미리 손을 놓아 버리거나 포기하지 않을 거야. 나중에 내가 어떤 사람이 되어 있을지 불안하지 않은 건 아니지만, 그렇다고 시도조차 안 해 볼 순 없잖아. 결과는 알 수 없지만, 하루하루 내가 할 수 있는 일을 해 나갈 거야. 그게 프로그래밍이든, 공부든, 아니면 게임 회사를 만드는 것이든, 다시 너를 만날 때까지."

서연이는 민준이의 말에 애써 대답하지 않았다. 민준이의 마음이 어떤 것인지 알 수 있었다. 어떤 미래가 펼쳐질지는 서연이도 궁금할 따름이었다.

서연이의 궁금한 마음만큼 창밖의 하늘도 파랬다.

민준이와 서연이의 금융경시대회

초판 1쇄 발행 2016년 8월 25일
초판 3쇄 발행 2021년 9월 1일

지은이 권오상
펴낸이 민혜영
펴낸곳 카시오페아
주소 서울시 마포구 월드컵로 14길 56, 2층
전화 02-303-5580 | **팩스** 02-2179-8768
홈페이지 www.cassiopeiabook.com | **전자우편** editor@cassiopeiabook.com
출판등록 2012년 12월 27일 제2014-000277호
편집 최유진, 위유나, 진다영, 공하연 | **디자인** 고광표, 최예슬 | **마케팅** 허경아, 홍수연, 김철, 변승주
외주디자인 김진디자인

ISBN 979-11-85952-53-6 43320

이 도서의 국립중앙도서관 출판시도서목록(CIP)은 서지정보유통지원시스템
홈페이지(http://seoji.nl.go.kr)와 국가자료공동목록시스템(http://www.nl.go.kr/kolisnet)에서
이용하실 수 있습니다.
(CIP제어번호 : CIP2016020035)